橿《かし》日《ひ》と神《じん》武《む》と邪《や》馬《ま》壹《たい》国《こく》

《地名・人名から読み解く》

西村敏昭

梓書院

橿日《かしひ》と神武《じんむ》と邪馬壹国《やまたいこく》

《地名・人名から読み解く》

西村 敏昭

目次

はじめに

邪馬壹国

卑弥呼

この二つの言葉は変わらず、古代史の研究者、古代史ファンを惹きつけてやまない。私の中でも、古代中国の歴史書『魏志倭人伝』の約２０００字に秘められた謎やロマンが色褪せることはない。

私が生まれ育った地域には、縄文時代から弥生時代にかけての複合遺跡があり、古代への興味は自然に芽生え、高校時代には遺跡の発掘調査を見学したこともあった。大学生、社会人になってからは専門書、歴史書に親しみ、知識や情報を蓄えていった。

一方で、ある思いを拭えないでいた。私たちが授業で教わってきた歴史、通常考えられている常識は本当に正しい歴史を示しているのか、という点である。得てして歴史はその時の権力者により、都合よく変えられたりするものである。しかし、私たちの未来にとっては過去の歴史を正しく認識しておくことは大切なことと考えられる。

その考えから、本書の執筆を思い立った。

神武東征の真実とは。

邪馬壹国はどこにあったのか。

糟屋の屯倉とは。

『古事記』『日本書紀』や発掘調査の成果などを手掛かりに、多くの研究者や古代史ファンが謎の解明に挑んできたし、今もその研究は続いている。別な言い方をすると、未だに解明されないのはどうしてなのだろうか。

私は地名・人名・国名を読み解くことに徹して、アプローチした。そうした言葉は「化石」だと考えている。化石とは地質時代の動植物の遺骸などが地層中に埋没・保存されたものだ。遺骸を言葉に置き換えれば、謎を解き明かすヒントが文字に凝縮され、言葉は意味を発信し続けていると感じた。

様々な地名・人名・国名に対し、少し違う見方をすると、今まで気が付かなかった国名やその中心が何処なのかが見えてくるのである。時の権力者が故意に変えたのか、権力を失った側が隠して残したのか、そこに秘められた真相に近づいてみたいと思う。

邪馬壹国や卑弥呼に関する書籍を読みなれた方々には、本書は多少、異質かもしれない。そこで私の考えを理解していただくため、地図や写真、イラストを添えた。書籍の出版は初めての経験。上梓するまで手探りだったが、私が思い描く古代史の世界は実像として浮かび上がってきたと思っている。だが、私たちが歴史の教科書で教わった内容と全く違い、矛盾を感じられるかもしれない。そのような方々は一つの物語として読んでいただければ幸いである。

本書では、古代の天皇について、現在の常識とは違う考えを示しているところがある。それは色々な事象の分析から導き出された結果であり、これらのことで現在の皇室を貶めたり、否定したりするものでは決してないことを申し添えておきたい。

２０２２年12月

西村　敏昭

三国志魏書東夷伝倭人条（原文）

作者　陳　寿

（Wikisource より）

倭人在帯方東南大海之中　依山島爲國邑　舊百餘國　漢時有朝見者　今使譯所通三十國
從郡至倭　循海岸水行　歴韓國　乍南乍東　到其北岸狗邪韓國　七千餘里
始度一海千餘里　至對馬國　其大官曰卑狗　副曰卑奴母離　所居絶島　方可四百餘里　土地山險
多深林　道路如禽鹿徑　有千餘戸　無良田　食海物自活　乗船南北市糴
又南渡一海千餘里　名曰瀚海　至一大國　官亦曰卑狗　副曰卑奴母離　方可三百里　多竹木叢林
有三千許家　差有田地　耕田猶不足食　亦南北市糴
又渡一海千餘里　至末盧國　有四千餘戸　濱山海居　草木茂盛　行不見前人　好捕魚鰒　水無深淺
皆沈没取之
東南陸行五百里　到伊都國　官曰爾支　副曰泄謨觚　柄渠觚　有千餘戸　**丗有王　皆統屬女王國**
郡使往來常所駐
東南至奴國百里　官曰兕馬觚　副曰卑奴母離　有二萬餘戸
東行至不彌國百里　官曰**多模**　副曰卑奴母離　有千餘家
南至投馬國　水行二十日　官曰彌彌　副曰彌彌那利　可五萬餘戸
南至邪馬壹國　女王之所都　水行十日　陸行一月　官有伊支馬　次曰彌馬升　次曰彌馬獲支　次
曰奴佳鞮　可七萬餘戸

自女王國以北　其戸數道里可得略載　其餘旁國遠絶　不可得詳　次有斯馬國　次有已百支國　次有伊邪國　次有都支國　次有彌奴國　次有好古都國　次有不呼國　次有姐奴國　次有對蘇國　次有蘇奴國　次有呼邑國　次有華奴蘇奴國　次有鬼國　次有爲吾國　次有鬼奴國　次有邪馬國　次有躬臣國　次有巴利國　次有支惟國　次有烏奴國　**次有奴國　此女王境界所盡**

其南有狗奴國　男子爲王　其官有狗古智卑狗　不屬女王

自郡至女王國　萬二千餘里

男子無大小　皆黥面文身　自古以來　其使詣中國　皆自稱大夫　夏后少康之子　封於會稽　**斷髪文身　以避蛟龍之害　今倭水人好沈没捕魚蛤　文身亦以厭大魚水禽　後稍以爲飾**　諸國文身各異或左或右　或大或小　尊卑有差

計其道里　當在會稽東冶之東

其風俗不淫　男子皆露紒　以木緜招頭　其衣横幅　但結束相連　略無縫　婦人被髪屈紒　作衣如單被　穿其中央　貫頭衣之　種禾稻　紵麻　蠶桑緝績　出細紵　縑　緜　其地無牛馬虎豹羊鵲　兵用矛　楯　木弓　木弓短下長上　竹箭或鐵鏃或骨鏃　所有無與儋耳　朱崖同

倭地温暖　冬夏食生菜　皆徒跣　有屋室　父母兄弟臥息異處　以朱丹塗其身體　如中國用粉也　食飲用籩豆　手食

其死　有棺無槨　封土作冢　始死停喪十餘日　當時不食肉　喪主哭泣　他人就歌舞飲酒　已葬　擧家詣水中澡浴　以如練沐

其行來渡海詣中國　恒使一人　不梳頭　不去蟣蝨　衣服垢汚　不食肉　不近婦人　如喪人　名之爲持衰　若行者吉善　共顧其生口財物　若有疾病　遭暴害　便欲殺之　謂其持衰不謹

出真珠　青玉　其山有丹　其木有柟　杼　豫樟　楺　櫪　投橿　烏號　楓香　其竹　篠　簳桃支有薑　橘　椒　蘘荷　不知以爲滋味　有獮猴　黒雉

其俗舉事行來　有所云爲　輒灼骨而卜　以占吉凶　先告所卜　其辭如令龜法　視火坼占兆

其會同坐起　父子男女無別　人性嗜酒〈魏略曰　其俗不知正歳四節　但計春耕秋收爲年紀〉見大人所敬　但搏手以當脆拜　其人壽考　或百年　或八九十年　其俗　國大人皆四五婦　下戸或二三婦　婦人不淫　不妒忌　不盗竊　少諍訟　其犯法　輕者没其妻子　重者滅其門戸及宗族　尊卑各有差序　足相臣服

收租賦有邸閣　國國有市　交易有無　使大倭監之　自女王國以北　特置一大率　檢察諸國　諸國畏憚之　常治伊都國

於國中有如刺史　王遣使詣京都　帶方郡　諸韓國　及郡使倭國　皆臨津捜露　傳送文書　賜遺之物詣女王　不得差錯

下戸與大人相逢道路　逡巡入草　傳辭說事　或蹲或跪　兩手據地　爲之恭敬　對應聲曰噫　比如然諾

其國本亦以男子爲王　住七八十年　倭國亂　相攻伐歴年　乃共立一女子爲王　名曰卑彌呼　事鬼道　能惑衆　年已長大　無夫壻　有男弟佐治國　自爲王以來　少有見者　以婢千人自侍　唯有男子

一人　給飲食　傳辭出入　居處宮室　樓觀　城柵嚴設　常有人持兵守衛

女王國東渡海千餘里　復有國　皆倭種　又有侏儒國在其南　人長三四尺　去女王四千餘里　又有裸國　黒齒國　復在其東南　船行一年可至

參問倭地　絶在海中洲㠀之上　或絶或連　周旋可五千餘里

景初二年六月　倭女王遣大夫難升米等詣郡　求詣天子朝獻　太守劉夏遣吏將送詣京都

其年十二月　詔書報倭女王　曰

「制詔親魏倭王卑彌呼

帶方太守劉夏遣使送汝大夫難升米　次使都市牛利　奉汝所獻男生口四人　女生口六人　斑布二匹二丈　以到

汝所在踰遠　乃遣使貢獻　是汝之忠孝　我甚哀汝　今以汝爲親魏倭王　假金印紫綬　裝封付帶方太守假授　汝其綏撫種人　勉爲孝順

汝來使難升米　牛利涉遠　道路勤勞　今以難升米爲率善中郎將　牛利爲率善校尉　假銀印青綬　引見勞賜遣還

今以絳地交龍錦五匹〈臣松之以爲地應爲綈　漢文帝著皁衣謂之弋綈是也　此字不體　非魏朝之失則傳寫者誤也〉絳地縐粟罽十張　蒨絳五十匹　紺青五十匹　答汝所獻貢直　又特賜汝紺地句文錦三匹　細班華罽五張　白絹五十匹　金八兩　五尺刀二口　銅鏡百枚　真珠　鉛丹各五十斤　皆裝封付難升米　牛利　還到録受　悉可以示汝國中人　使知國家哀汝　故鄭重賜汝好物也」

正始元年　太守弓遵遺建中校尉梯儁等　奉詔書印綬詣倭國　拜假倭王　并齎詔賜金帛　錦　罽　刀
鏡　采物　倭王因使上表答謝詔恩
其四年　倭王復遺使大夫伊聲耆　掖邪狗等八人　上獻生口　倭錦　絳青縑　緜衣　帛布　丹木　㺃
短弓矢　掖邪狗等壹拜率善中郎將印綬
其六年　詔賜倭難升米黄幢　付郡假授
其八年　太守王頎到官　倭女王卑彌呼與狗奴國男王卑彌弓呼素不和　遺倭載斯　烏越等詣郡　說相
攻擊狀　遺塞曹掾史張政等　因齎詔書　黄幢　拜假難升米　爲檄告喩之
卑彌呼以死　大作冢　徑百餘歩　狗葬者奴碑百餘人　更立男王　國中不服　更相誅殺　當時殺千餘
人　復立卑彌呼宗女壹與年十三爲王　國中遂定　政等以檄告喩壹與
壹與遺倭大夫率善中郎將掖邪狗等二十人　送政等還　因詣臺　獻上男女生口三十人　貢白珠五千孔
青大句珠二枚　異文雜錦二十四

＊引用個所　第一章　太ゴチック　第二章　ゴチック　第三章　丸ゴチック

第一章　神武天皇の東征

・神武東征を問う

『古事記』や『日本書紀』に記された「神武東征《じんむとうせい》」をまず取り上げたい。「神倭伊波礼毘古命《かむやまといわれひこのみこと》」が日向を発ち、奈良の橿原《かしはら》の地で初代天皇『神武天皇』として即位した説話である。これに疑問を挟むことから始めよう。

神武天皇は、『古事記』で「猶東《なおひむがし》へ行《ゆ》かむと思《おも》ほす」と言っている。

この「東」とはどこを指すだろうか。

私は香椎（福岡市東区）だと考えている。『古事記』では香椎を「橿日《かしひ》」と表記している。これを倒語で表すと、「日橿《ひかし》」となり、「ヒガシ（東）」と読むことができる。このため、神武天皇の時代、香椎は「東」と呼ばれていたと推察される。事実、香椎は博多湾の東部に位置し、現在では福岡市東区の拠点の一つになっている。

『古事記』では神武天皇は奈良の橿原《かしはら》に行ったように記載されている。

香椎の古代の地名

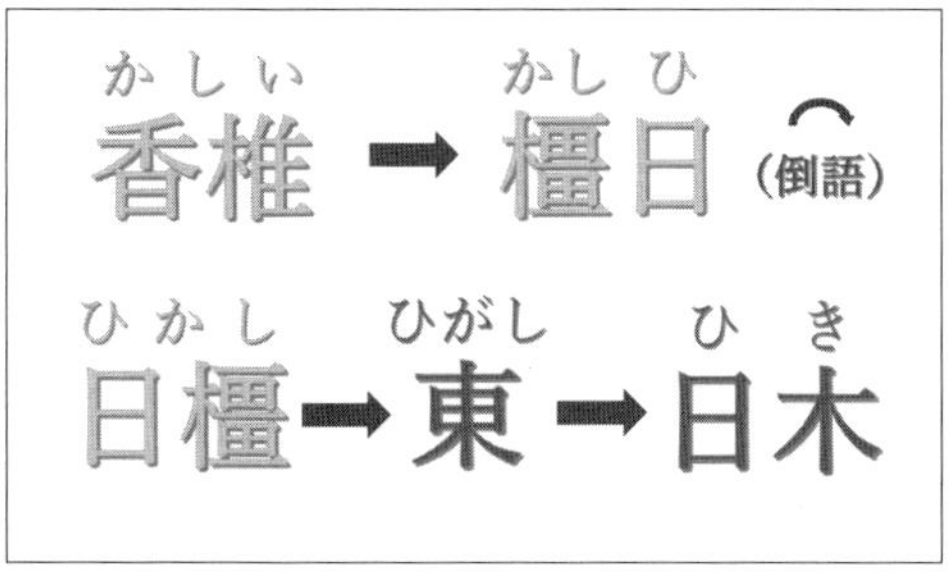

だが、「カシイ」に「原」を付けると「橿原《かし(い)はら》」となり、神武天皇が実際に東征した地が香椎だったことと食い違うものではない。また、『日本書紀』には「東《ひむがしのかた》に美《よ》き地《くに》有り、青山四《あおやまよも》に周《めぐ》れり」とあり、内陸である奈良の地を指すと考えられている。だが、この表現は、後に述べるように「二次東征」として、周りを山々に囲まれた福岡県・筑豊《ちくほう》の地を表していると私は考えている。

また、「東」の字を分解すると、「日」「木」に分けることができる。神武天皇が東征した地は、この「日木《ひき》」の地でもある。そこに『古事記』『日本書紀』に描かれた「饒速日命《にぎはやひのみこと》」がいたと思われる。「にぎはやひ」は「日木早人《にぎはやひ》」とも考えられ、早くからいる「日木族《ひきぞく》」の人との意味をなしている。（日木族については、後述する。）

神武天皇は「瓊瓊杵尊《ににぎのみこと》」の子孫にあたる。この「ににぎ」は「新日木《ににぎ》」や「日日木《ひひき》」とも書くことができ、「にぎはやひ」たちよりも後に、この日本の地に来た新しい日木族だったと考えることができる。「にぎはやひのみこと」から、同族と考えられる「ににぎのみこと」の子孫である神武天皇への国譲りの話を裏付けている。

・出発地は日向《ひなた》峠

神武天皇は日向を出発したとされている。だが、この日向とは、宮崎県の日向ではなく、現在の糸《いと》島《しま》市と福岡市の境にある日向峠《ひなた》であり、当時の伊都《いと》國だと思われる。向かった先は、日向峠から東の方角に位置する香椎（福岡市東区）だったと考えるのは自然だろう。

『魏志《ぎし》倭人伝《わじんでん》』に、伊都國は「世有王皆統属女王国」（代々王がいた、皆女王国に属する）とある。また、『魏志倭人伝』には、各国の長官・副官の名前が記されているので、当時、伊都國に王が居たのならば、当然、王の名前を書き記していたはずだ。ところが、その名前がない。このことから「世有王」は、伊都國には代々、王が居たが、今はいない。ある時期から、女王国に属するようになったと解釈できる。その時が、神武天皇が東へ移った時ではないだろうか（神武東征）。

『魏志倭人伝』には、「其國本亦以男子爲王、住七八十年、倭國亂、相攻伐歴年、乃共立一女子爲王、名曰卑彌呼」と記されている。それは（その国は、もとは男子を以て王となし、留まること七、八十年。倭国が乱れ、互いに攻伐すること歴年、そこで共に一女子を立てて王とした。卑弥呼という名である）と読める。

ここの「倭國亂」に、神武の東征が関わっていると解釈できるのではないか。そこで、伊都國と神武天皇について、考えてみる。

伊都國の地は、今は糸島市だが、以前は前原《まえばる》市だった。この前原の地名は「以前治めていた」ととらえることができる。前原の地名はその名残とも読み取れる。

『古事記』における神武天皇の和風諡号《わふうしごう》は「神倭伊《かむやまとい》波礼琵古命《われひこのみこと》」とされている。この「かむやまといわれひこ」は、「上山門《かみやまと》井《い》原彦《はれひこ》」と解することができよう。

吉武・高木遺跡（やよいの風公園）から西を望む。正面に飯盛山が見え、左に日向峠がある。峠を越えると、伊都国の中心（井原遺跡）に行くことができる。

写真は環濠集落で有名な佐賀県の吉野ケ里である。古代の吉武・高木（上山門）では、このような光景（宮室）を室見川から見ることができたのかもしれない。

上山門《かみやまと》の地名は、住居表示の変更で、現在では下山門《しもやまと》（福岡市西区）のすぐ南にある。ところが、明治期に調査された「筑前国字小名取調帳」には、下山門村の表記はあるものの、上山門は見当たらない。下山門の地名は古くから室見《むろみ》川の下流に存在したと考えられることから、神武天皇の時代、室見川の中流域の吉武高木《よしたけたかぎ》遺跡周辺が上山門と呼ばれていたと考えられる。

そして、日向《ひなた》峠を越えたところに井原《いわら》遺跡がある。これらのことから、神武天皇は伊都國の井原出身で、上山門の吉武高木《よしたけたかぎ》の王となった人と解釈できる。吉武高木遺跡は元環濠集落《かんごうしゅうらく》で、吉野ケ里遺跡（佐賀県）のように立派な宮室《きゅうしつ》が室見川から見えていたのではないだろうか。川の名前から推察することができる。この遺跡からは日本最古の「三種の神器」も出土している。

・香椎の謂《いわ》れ

香椎宮史や貝原益軒の『筑前国《ちくぜんのくに》続《ぞく》風土記《ふどき》』に、足利三代将軍義満が香椎宮に武運長久、天下太平を祈った願書が記載されている。そこにある「當社橿日大明神者、聖代前烈乃宗廟命也。神武乃霊尊也」

に着目する必要がある。このように香椎宮は昔、香椎廟《かしいびょう》と言われ、神武天皇から歴代天皇の霊を祀る所だったと考えられる。足利初代将軍・尊氏は多々良《たたら》浜の戦い（延元元年／建武３年・１３３６年）で、本陣を香椎宮に置いた。その時に香椎宮の本当の歴史を聞き、それで、三代将軍の義満が「神武乃霊尊也」との文言を使ったと考えるのは不思議ではない。

初代天皇が遷都した所が香椎（橿日）であるならば、現在まで皇室から香椎宮を勅祭社《ちょくさいしゃ》として重要視されている理由にうなずける。

また、香椎宮には「大帯《たらし》日売伝承」がある。この人物は「おおたらしひめ」と呼ばれている。この「たらし」を「たい」と呼ぶと、邪馬壹国《やまたいこく》のタイに繋がり、卑弥呼も国内ではタイ姫と呼ばれていたのではないかと考えたい。このことも、次章で述べる。

これらのことから、神武天皇の出身は伊都國であり、日向とは宮崎ではなく、糸島市と福岡市の境の日向《ひなた》峠に残されていた地名と

足利義満願書

應安七年九月七日　足利義満　香椎宮に願書をこめ、武運長久・天下泰平を祈る。

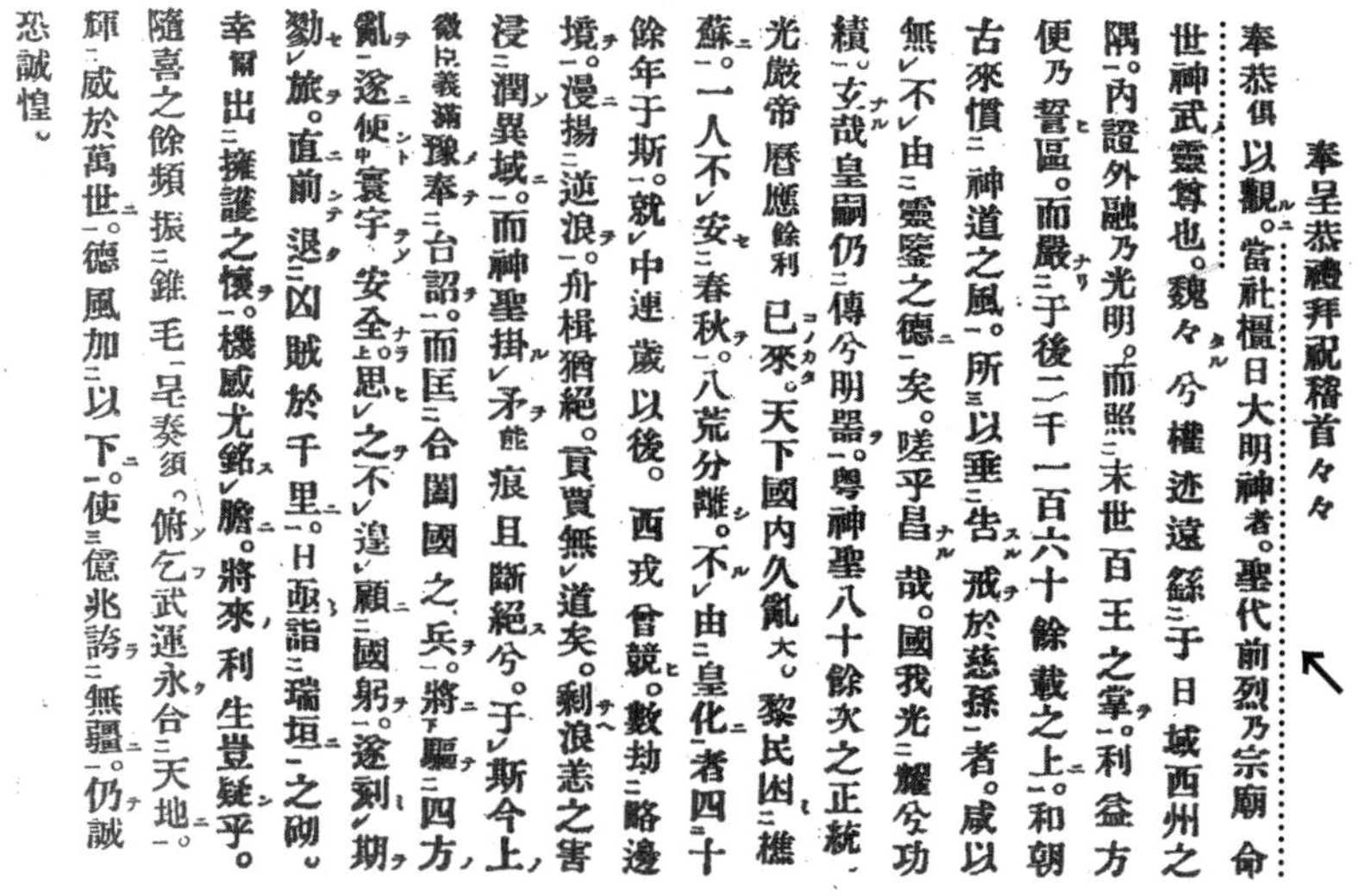
奉呈恭禮拜祝稽首々々
奉恭惟以觀。當社橿日大明神者。聖代前烈乃宗廟命世神武靈尊也。魏々兮權迹遠繇于日域西州之隅。內證外融乃光明。而照末世百王之掌。利益方便乃誓區。而嚴于後二千一百六十餘載之上。和朝古來慣神道之風。所以垂告戒於慈孫者。咸以無不由靈鑒之德矣。嗟乎昌哉。國我光耀兮功績。玄哉皇嗣仍傳兮明器。粤神聖八十餘次之正統光嚴帝曆應餘利已來。天下國內久亂大。黎民困樵蘇。一人不安春秋。八荒分離。不由皇化者四十餘年于斯。就中連歲以後。西戎曾競。數劫略邊境。漫揚逆浪。舟楫猶絕。貢賈無道矣。剩浪恙之害浸潤異域。而神聖掛矛能痕且斷絕兮。于斯今上微臣義滿豫奉台詔。而匡合闔國之兵。將驅四方亂。遂使寰宇安全。思之不遑顧國躬。遂剋期勠旅。直前退凶賊於千里。日亟詣瑞垣之砌。幸留出擁護之懷。機感尤銘膽。將來利生豈疑乎。隨喜之餘頻振錐毛呈奏須。俯乞武運永合天地。輝威於萬世。德風加以下。使億兆謌無疆。仍誠恐誠惶。

貝原益軒著　『筑前国続風土記』

思われる。また、神武天皇が向かった先は奈良ではなく、橿日という東の地であったと結論づけられる。つまり、神武東征とは筑紫の国（タイ国）の話であり、神武天皇はタイ国を始めた天皇ではないだろうか。これは、神武天皇が「始馭天下之《はつくにしらす》天皇《すめらみこと》」とも呼ばれていたことからもうかがえる。

・二次東征

さて、福岡県・筑豊《ちくほう》地区には、神武東征の伝承が残っていると言われている。確かに、飯塚《いいづか》・田川《たがわ》地域は豊葦原中国《とよあしはらのなかつくに》という名にふさわしい場所である。『古事記』とは違い、『日本書紀』には「東に美き地有り　青山四に周れり」と、東征の地のことを塩土老翁《しおつちのおじ》から聞いたとある。この表現は通常、奈良盆地のことと考えられるが、飯塚《いいづか》・田川《たがわ》地域の地形をもよく表している。

また、田川にある香春《かわら》岳は一の岳、二の岳、三の岳と三つの峰で形成されていて、三輪山《みわやま》との表現でもおかしくはない。福永晋三氏は、これらの山を大和三山に比定されており、私も同意見である。理由は次の「本当の大和三山」の説明をご覧いただきたい。

＊福永晋三氏　日本古代史研究家。近著に『「魏志倭人伝を解く」序章　邪馬台《やまと》国田川説の始まりの濫觴《はじまり》』(同時代社)。本文中の説は福永氏の「You Tube 万葉集2番の「やまと」は大和（奈良県）で詠われていない。本物の天香山は香春三山（2016-11-3）」より

神武天皇は橿日に入った後、八木山《やきやま》峠を越え、陸路なのか、玄界灘《げんかいなだ》を経て、遠賀《おんが》川を遡った水路なのか、正確には分からないが、飯塚・田川の地に入っていると思われる。伊都國を立って橿日、飯塚、田川に及ぶ戦乱を、『魏志倭人伝』では「倭國亂」と表していると考えられる。

この乱の後、卑弥呼が共立され、邪馬壹国が成立したが、飯塚、田川の地がヤマトの地として安定したのは10代崇神天皇の時と思われる。

初代神武天皇は香椎（橿日）の地で大倭《たい》（帯）国を興したため、「始馭《はつくに》天下《しら》之《す》天皇《すめらみこと》」と呼ばれ、10代崇神天皇が田川の地に入り、三輪山《みわやま》（香春岳《かわらだけ》）の下《もと》で政治を始めたことで「御肇國天皇《はつくにしらすすめらみこと》」と呼ばれたと考えられる。この田川の地は邪馬壹国の時代、「邪馬國」の中心の一つで、後のヤマト政権の基礎となったと考えられる。これらの天皇を、『古事記』や『日本書紀』は一つの系統に繋いだのではないだろうか。

香椎の近くを多々良《たたら》川が流れている。糟屋郡久山《ひさやま》町を流れる支流の猪野《いの》川上流域にある猪野《いの》天照《てんしょう》皇大神宮《こうたいじんぐう》のあたりは五十鈴《いすず》川と言われている。神武天皇の皇后の名前が「媛蹈鞴五十鈴媛命《ひめたたらいすずひめのみこと》」で「たたら」と「いすず」が使われていて、このあたりのお姫様と考えてもおかしくない。

本当の大和三山

大和三山　←　田川香春岳

◯畝傍山《うねびやま》　←　◯一の岳

三つの山が連なり畝になって平野に突き出た山で、畝の一番端の畝傍《うねび》（尾）にふさわしい山

◯耳成山《みみなしやま》　←　◯二の岳

田川の地は古くは豊国で、王（長官）・副はミミ、ミミナリと呼ばれていたと考えられ、副官がいたところ

◯天香山《あまのかぐやま》　←　◯三の岳

香春岳は石灰岩でできた山で、白い石が露出しているのを持統天皇が歌を詠んだと考えられる

春過ぎて夏来にけらし白妙の衣干すてふ天の香具山

神武東征の真実

初代天皇

神武天皇

神日本磐余彦《かむやまといわれびこの》 天 皇《すめらみこと》

［筑紫の日向］

「猶　東へ行かむと思ほす」（古事記）

上山門《かみやまと》井原《いわれ》彦天皇
（吉武高木遺跡）（三雲井原遺跡）
日向峠《ひなたとうげ》の東西にある遺跡

⇓　**神武東征**

［香椎・橿日《かしひ》］

橿日《かしひ》→ヒカシ→東

始馭天下之《はつくにしらす》 天 皇《すめらみこと》　⇐

- 橿日は東の倒語で香椎の地は以前は東と呼ばれていたのではないだろうか
- 漢委奴國王の印をもらった委の国が大きくなって大委（タイ・帯・壹）国を建国したと考えられる

⇓

［豊葦原中国《とよあしはらなかつくに》］（福岡県筑豊地方）

- 香椎から東へ八木山峠を越えて筑豊地域（ヤマト）へ２次東征があったのかもしれない

10 代天皇

崇神天皇

御間城《みまき》入彦《いりびこ》五十贅殖《いにえの》 天 皇《すめらみこと》

御肇國《はつくにしらす》 天 皇《すめらみこと》

- 宗像から筑豊に入り、香春岳（ヤマト三山・三輪山）の近くにヤマトの国を建国したと考えられる

第二章　邪馬壹国・卑弥呼

・邪馬壹国の呼び名

邪馬壹国を考える時、その呼び方を論じることで全体像が浮かび上がる。

邪馬壹国の呼び名には「邪馬イ国」、「邪馬イチ国」「邪馬タイ国」、「邪馬ト国」などがある。確かに「壹」と言う字は「一」を表す字であり、本来は「イチ」や「イ」と呼ぶ。しかし、私は「邪馬タイ国」と呼ぶのが一番適正だと思う。

なぜなら、邪馬壹国は、それぞれが様々な勢力を参合した二つの勢力の緩やかな大連合国であったと考えるからだ。大連合国の形は今日のＥＵ（ヨーロッパ連合）を連想してもらいたい。決して独立した国家とは考えられない。

大連合国である邪馬壹国を形成したのは、邪馬國（日本国）連合と壹國（倭国）連合だった。言い換えれば、邪馬壹国は末盧國、伊都國、奴國、不彌國などのように、実体のある独立した国ではなく、これらの国と『魏志倭人伝』で国名だけしか分からない斯馬國、已百支國など「其餘旁國」二十一カ国を合わせた国々全体を指して、邪馬壹国《やまたいこく》と呼んだと思われる。今まで長い間、邪馬壹国を探しても見つからず、北部九州のいたるところに推定されることになるのは、このためではないだろうか。

『魏志倭人伝』を基に、大連合国を形成した二つの連合勢力について述べよう。

一つは、『魏志倭人伝』の「其餘旁國」の中にある「邪馬國」が中心となり、主に日木族で構成された国々の連合だ。もう一つは、一世紀に後漢の光武帝から「漢委奴國王」の金印を与えられた「委奴國」を母体とし、神武東征（倭国乱）の後に勢力を拡げて、「大委（タイ）国」と呼ばれるようになった国を中心とした海人族の国だ。これに、国名に「奴」が付く他の国々が一緒になり、一大勢力を形作っていた。

この二つの連合勢力（「邪馬國・日木族」と「大委國・海人族」）の大連合の呼び方が「ヤマタイ」となるのである。二つの連合勢力をそれぞれ解きほぐし、性格を考えてみる。

・壹國（倭国）連合とは

一世紀に「漢委奴國王」（委＝国名、奴＝民族名）の金印を貰った委奴國だが、この委奴國の「奴」の字は「ド」、または「ドン」と昔は呼ばれていただろう。そして、「奴」の表記から「の」や「ぬ」とも呼ばれるようになったと推察される。当時、このあたりには、海人族を中心とした大きな勢力があった。その勢力である阿曇《あずみ》族の「曇」という字は「ドン」とも呼ぶ。この呼び方から「奴」を使用し、「委奴」を国名としていたのではないだろうか。

また、一世紀当時は「委（イ）」と言っていたものが、邪馬國と共同し、初期の「ヤマタイコク」である「邪馬壹（イ・イチ）国」を形成したと考えられる。後に「委（壹）国」が周辺の国々と一緒になり、大きくなって、国名に「大」の字を付け、「タイ（大委・大壹）国」と呼ばれるようになった。

呼び名は「やまたいこく」であるが、国名の表記は最初に付けられた「邪馬壹（イ・イチ）国」のままとしていたため、『魏志倭人伝』に「邪馬壹国」と表記されていたのであろう。

このように、壹・大倭（国）はタイと呼び、奴國に代表されるように、国名に同族である奴が付く国々が結集し、海人族が主体となって漁業や水運を生業とした。『魏志倭人伝』に「國國有市　交易有無使大倭監之」とある。大倭《たい》は海人族の人や国を表し、船で交易を行って市を管理し、邪馬壹国内で経済を担っていたものと思われる。

また、「タイ」という同じ呼び方からすると、その国は七世紀『隋書俀國伝《ずいしょたいこくでん》』にあるように「漢委奴國王」の金印を貰った「委奴國」から阿毎多利思比孤の「俀國」まで続いたと思われる。邪馬壹国時代、国名しか分からない国々の中で、彌奴國、姐奴國、蘇奴國、華奴蘇奴國、鬼奴國、烏奴國、奴國など奴の付く国々は、奴国と同様阿曇族と同族の海人族による壹國（倭国）連合を構成する国だったと考えている。このタイ(大倭・壹・帯・俀）国が、古田武彦氏が提唱された「九州王朝」を示すと思われる。

タイ名の変遷

委《い》（倭《い》）　漢委奴國王印

↓

邪馬壹《たい》国
帯《たい》方郡
大《た》委《い》（倭）　大《たい》帯《たらし》姫
帯《たい》中日《たりし》子天皇
（仲哀天皇）

[帯《たい》]

女王国

↓

俀國《たい》　阿毎多利思北狐《あまたりしひこ》

＊古田武彦氏『邪馬台国はなかった』『失われた九州王朝』をはじめ多くの著書があり、九州王朝説をはじめ、列島各地に王権が存在したとする「多元的古代史観」を提唱。

・邪馬國（日木国）連合とは

読者の皆さんは、柿本人麻呂という歌人をご存じだろうか、7～8世紀頃の宮廷歌人である。代表作に「あしびきの山鳥の尾のしだり尾のながながし夜をひとりかも寝む」がある。この歌の「山」にかかる枕詞は、疋《ひき》（あしびき）であり、山を表している。ヒキが山（ヤマ）を表すのであれば、日木（ヒキ）＝邪馬（ヤマ）という等式が成り立つのではないだろうか。これにもう一方の壹國の壹の字を合わせると、邪馬壹＝日木一となる。日木一は日本とも解釈できよう。

人麻呂の暗号

疋《ひき》（日木）＝山（邪馬）

あしびきの　山鳥（やまどり）の尾の　しだり尾の長々し夜を　ひとりかも寝む　（柿本人麻呂）

「邪馬國」が中心となった国々の連合は、農業、養蚕、製鉄などの技術を有していた。主に環濠集落を形成している日木（ヒキ）族の連合と一緒になった勢力と特徴づけられる。

日木族にスポットを当てよう。『魏志倭人伝』から、以下を引く。

「自女王國以北　特置一大率　検察諸國　諸國畏憚之　常治伊都國於國中有如刺史」

これらの中で気づいた点を、次のように解釈してみた。

一大率の「率」だ。これは訓読みをすると、「ヒキ」と読むことが可能だ。伊都國の長官の名は爾支《にぎ》と読めることから、日木と書ける。また、107年に朝貢した時の「倭国王帥升等」の「帥」も「ヒキ」と読める。私は、日木族は紀元前三世紀に、中国から徐福に連れられてきた人々だと思える。人数にして三千人を超え、九州を中心に西日本や朝鮮半島に、何十か所にも分かれて入植していたのではないだろうか。

邪馬壹→日木一→日本

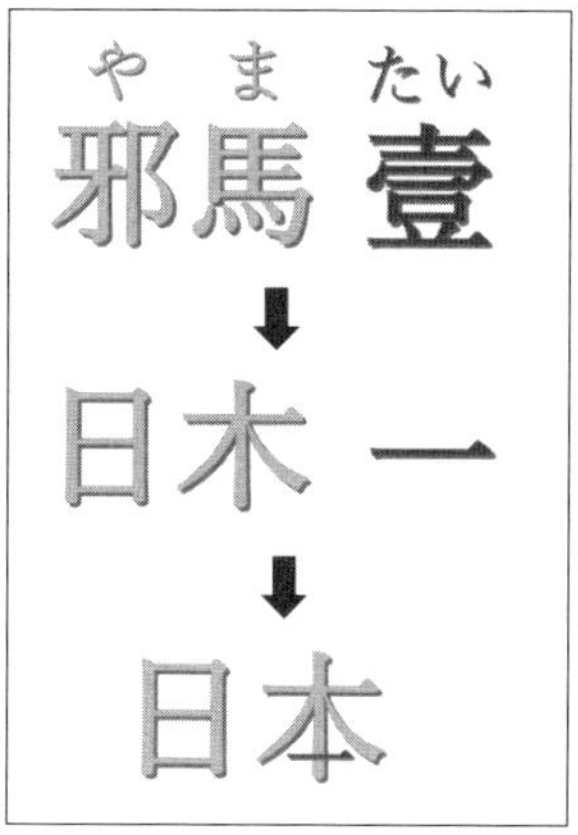

日木から変化した地名

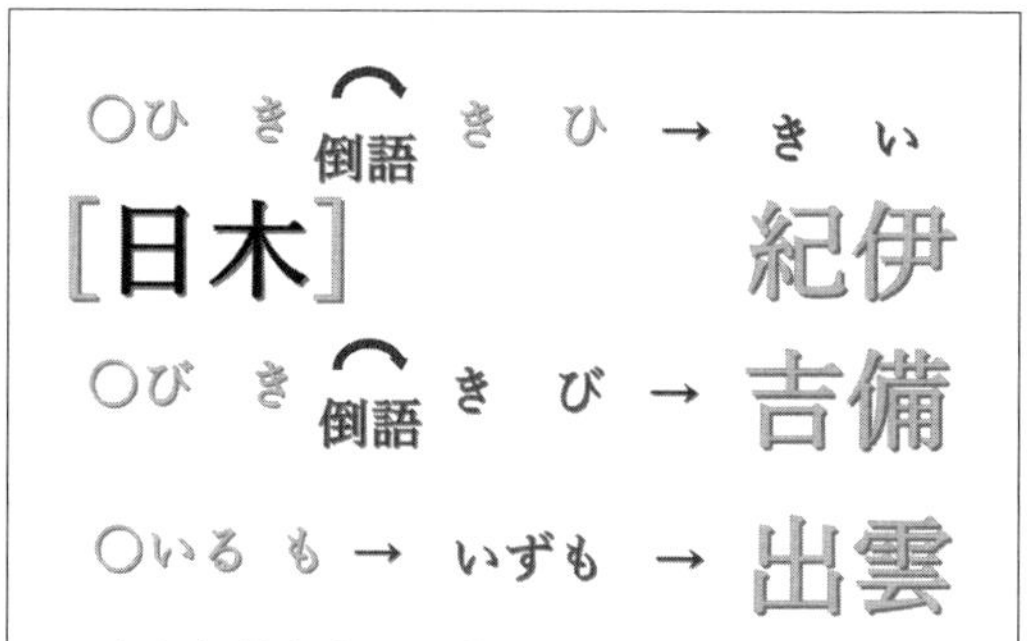

日木を朝鮮半島の言葉に近い読み方をすれば、日（イル）木（モ）と発音できる

九州南部や本州には、日置《ひおき》（へき）・比企《ひき》・部木《へき》などヒキやヘキと呼ばれる所も点在している。ここにも同じ種族の人々が居たと考えられる。各地の「徐福《じょふく》伝承の地」とされるところはもちろんだが、「日木ノ地」（ヒキチ）という土地や、日《ひ》吉《よし》大社・日枝《ひえ》神社（大山咋《おおやまくい》神を祀ってあり、山を重視している）も、徐福とゆかりがあるのではないかと考えている。

また、『魏志倭人伝』には、朝鮮半島にあった狗邪韓國は倭人の地とあり、朝鮮半島にも徐福一行とともに中国からたどり着いた人々がいたと思われる。日木を朝鮮半島風に読むとすれば、日（イル）木（モ）となる。「イルモ」は「イズモ」と呼ぶことができ、朝鮮半島との関りをうかがわせる。

日木を倒語にして逆に読むと、木日（「キヒ」が「キイ」）となる。これで思い浮かぶのは「紀伊」だ。紀伊も日木族を中心とした土地ではなかったのか。ただし、私は三世紀の邪馬壹国の領域は、現在の福岡、佐賀、大分の三県を合わせたぐらいの広さだと考えている。このため、出雲や紀伊は日木族とのつながりはあっても、当時の邪馬壹国を構成する国には入らないと解釈している。（九州地図を参照）

奈良県の纏向《まきむく》遺跡で大型の建物の遺構が発見され、邪馬壹国の中心ではないかと言われている。九州の日木（ヒキ）族は環濠集落を形成していたが、この遺構は環濠集落ではない。紀元前に中国から徐福に連れられてきた人たちの子孫（日木族）ではあるものの、九州の邪馬壹国とは違う集団（東鯷人《とうていじん》・漢字から判断して、東に住み、漁をするヒヒキの人の意）が集まった場所だと考える。本州各地の日木族の人々が纏向の地に集まって、祭祀を行い、情報交換のために世紀を超えて繋がりを持っていたと思われる。【日本地図】

・邪馬壹国の形Ⅰ（その統治について）

邪馬壹国は伊都國や奴國のように実体のある国ではなく、ＥＵ（ヨーロッパ連合）のような緩やかな連合国と思われることは前述した。連合国家たる邪馬壹国を構成した二つの勢力の性格を考えてみる。

「海人族」を基軸にした壹國（倭国）連合は、邪馬壹国内で経済を担っていたのに対し、邪馬國連合の「日木族」は徐福一行の子孫と考えられ、文字を使用することができた。暦や税の計算にも長けていたので、邪馬壹国の中で、行政官としての役割を果たしていたのだろう。

『魏志倭人伝』に「有男弟佐治國」がある。卑弥呼には弟がいるとの記述だが、ただ単に、血のつながった弟がいることを意味しているのではない。後の時代の『隋書』に「俀《たい》王以天為兄以日為弟」とあるように、兄弟統治のことと思われ、卑弥呼の時代から兄弟統治が続いていると考えられる。卑弥呼が祭祀を行い、日木族の代表が行政官を務めていたと捉えられないだろうか。これは現代日本の天皇と総理大臣の関係と同じといえよう。日木族の代表は、仲哀天皇（第三章で説明）の様に、福岡県の東部から来ていたのかもしれない。

『古事記』に、天照大御神が誕生する場面が描かれている。弟の月読命・須佐之男命と共に三貴子として生まれている。これを地理的に見れば、福岡市東区の香椎に天照大御神、福岡県東部（旧京都郡・仲津郡）に月読命（夜の神、農耕の神）と考えられる。そうすると、もう一人の神、須佐之男命（海原の神）は両地域の中間に位置する、宗像であると考えられる。『古事記』に記載された、天照大御神が左目から、月読命が右目から、須佐之男命が鼻から生まれたとの位置関係にも符合するものである。

また、朝鮮半島に当時、帯方（タイホウ）郡という地名があった、この名は倭人の地（九州）に「タイ（大倭・壹・帯）国」と呼ばれている国があったため、帯方郡の名前が付けられたと考えられる。倭人伝では、この「タイ国」を女王国と表記しているのではないか。

邪馬壹国の邪馬壹からヤマトを連想される方がおられる。ヤマトは佐賀大和、山門郡（福岡県）、下山門（福岡市西区）など九州北部に多く存在している地名である。これは、邪馬國と同じ種族の人々が環濠集落を形成していた場所や、環濠集落に住んでいる人を指す言葉であったのだろう。

・邪馬壹国の形Ⅱ（その領域について）

博多湾を一望できる、標高 68 mの愛宕山の頂上に鎮座する愛宕神社である。室見川の河口に位置し、博多湾の交通の要衝の一つであったと思われる。私はここに「郡使の留まる所」があったと考えている。

邪馬壹国の領域を考えると、狗邪韓國は朝鮮半島のプサンあたりで、ここに当時、倭人といわれる人々が国を作っていた。對馬國は対馬、一大國は壱岐を指すことに、疑問を挟む余地はないだろう。【九州地図】

次の末盧國を考える。末盧國を呼子（佐賀県）あたりとすれば、１０００里の距離は一大國からは近すぎる。これに対し、末盧國の中心を現在の唐津と考えれば、唐津湾の奥になり、一大國から里数を１０００里と理解しても不自然ではない。

次に「東南陸行五百里　到伊都國」である。末盧國（唐津）から見て、伊都國（糸島）は北東の方角に位置する。このため、東南との表記からすると、伊都國は糸島ではないとの解釈も成り立つ。しかし、この東南とは、末盧國を出発するときの方角（山の尾根に向かった）を表していたにすぎず、目的地がどういう方角にあるかは、あまり問題ではなかったと考えられよう。

末盧國から伊都國の間は唯一陸行となっている。私はここで使者たちは二手に分かれたと考えている。

一方は倭国内の状況、特に、もと王が居たといわれる伊都國内を視察するために、国内を歩いたのではないだろうか。当時、牛・馬はいなかったと倭人伝に綴られており、荷物を持って山や川を越えることは大変な困難を伴ったであろう。そのため一方は、帯方郡からの船に荷物を載せたまま、水路を使用したと思われる。陸路は末盧國を東南に出発し、脊振山地の尾根を進み、伊都國の中心である三雲井原地区に向かった。そこから日向峠を越えて、吉武高木を通り、博多湾の愛宕山へ。水路を使った船の一行は、末盧國から海岸伝いに博多湾に入り、愛宕山で合流したと思われる。

愛宕山（愛宕神社）から東を望む。福岡タワーの向こうに立花山が見え、麓が香椎になる。東南の方向に奴國の中心（春日）があり、どちらにも舟で行けると思われる。

『魏志倭人伝』中の伊都國の説明に「郡使往來常所駐」とある。この地に、後の時代の鴻臚館のような外交施設が整備され、魏の使者たちがとどまったと考えられる。愛宕山は室見川の河口付近に位置し、海底にある溝状の窪地（澪筋）を、博多湾に入って来た外洋船が水路として利用できたのではないか。伊都國は福岡県の旧怡土（イト）郡（中心は井原）と福岡市西区を支配下とし、室見川のあたりまで、その領域に含んでいたと考えている。

次に、この伊都國から東南の方角にあたる旧筑紫郡（福岡県）に、邪馬壹国で最大の人口を抱え、経済の中心だった奴國（中心は福岡県春日市）があった。また、伊都國の東側の旧糟屋郡（福岡県）に不彌（フミ）國（中心は福岡市東区香椎）があり、政治の中心を担ったと考えている。

伊都國（愛宕山）と不彌國（香椎）の間の最後の１００里は、香椎からの迎えの船があったのではと推論した。不彌國の名前は、国内に二つの海（博多湾と玄界灘）があるとの意味に由来しているのではないだろうか。博多湾を取り囲む、伊都國、奴國、不彌國が大倭《たい》国連合の中心を形成していて、国内の島々や山々との間には、舟による交通網と、狼煙《のろし》による通信網があったのではないか。

一方、東の方には邪馬國連合を形成した国々があったと思われる。

「自女王國以北、其戸數道里可得略載、**其餘旁國遠絶、不可得詳**」

『魏志倭人伝』に、辺傍の国は遠く隔たり、詳しく知ることができない、と記載されている。この文章の後に21か国の名前がある。これらの国々の一つひとつの領域は、旧怡土郡、旧筑紫郡、旧糟屋郡など、旧郡の1つか2つほどの広さではなかったのだろうか。大規模な環濠集落の遺跡が発掘された佐賀県の吉野ケ里も、また、福岡県の平塚川添遺跡も、其餘旁國の中にあるそれぞれの国の中心をなしていたのではないだろうか。

「次有**奴國**　此女王境界所盡　**其南有狗奴國**　男子爲王　其官有狗古智卑狗　不屬女王」

『魏志倭人伝』の「其餘旁國」の中に、二つ目の奴國が出てくる。ここが境界の尽きるところであり、その南に敵対している狗奴國が有る、となっている。二つ目の奴國は、福岡県大川市の風浪《ふうろう》宮を中心とした領域だと思われる。海人族の祭祀の中心である福岡市の志賀海《しかうみ》神社と同じ海の神《わだつみ》を祀っており、旧筑紫郡に広がっていた奴國と近い関係にあったのではないだろうか。これらの地域を流れる御笠川と宝満川が大宰府で繋がっていて、博多湾と有明海を結ぶ同じ勢力圏だったので、この地も「奴國」と言われたと考えられよう。【福岡県地図】

また、邪馬壹国と敵対している狗奴國が、二つ目の奴國の南にあるとなっている。狗奴國の中心は熊本県の山鹿・菊池あたりと考察できるが、国名に奴の字を使用していることからも、奴國とは同じ海人族で同族だったと思われる。

・里程から邪馬壹国の中心を考える

（邪馬壹国の中心までの行程表を参照）

邪馬國連合（日木族）と壹國連合（海人族）の大連合国である邪馬壹国で、中心となる国がどこか、『魏志倭人伝』に記述されている里程に基づいて探してみた。

「自郡至女王國　萬二千餘里」

この文章は帯方郡から邪馬壹国の中心の女王国までの総里数が１２０００里と書いてあり、大変重要な手掛かりになる。それでは個別に記述されている里数を辿り、１２０００里となる所を目指す。

ここには、邪馬壹国に至るではなく、女王国に至ると書かれているので、注意を要するところだ。

「從郡**至倭**　循海岸水行　歷韓國　乍南乍東　到其北岸**狗邪韓國　七千餘里**」

この文は帯方郡から狗邪韓國まで水行７０００里（行程表①）だ。この文章において狗邪韓國は、倭の領域との認識で書かれているようだ。

次に「始度一海千餘里　至對馬國……方可四百餘里」

これは狗邪韓國から對馬國まで水行１０００里（行程表②）かかり、合計８０００里だ。

次に「又南渡一海千餘里　名曰瀚海　至一大國……方可三百里」

これは對馬國から一大国（一支・壱岐）まで水行１０００里（行程表③）かかり、合計９０００里だ。

次に「又渡一海千餘里　至末盧國」

これは一大國から末盧國まで水行１０００里（行程表④）を要し、合計１００００里となる。

次に「東南陸行五百里　到伊都國」

これは末盧國から伊都國まで陸行５００里（行程表⑤）かかり、合計１０５００里だ。

邪馬壹国の中心までの行程表

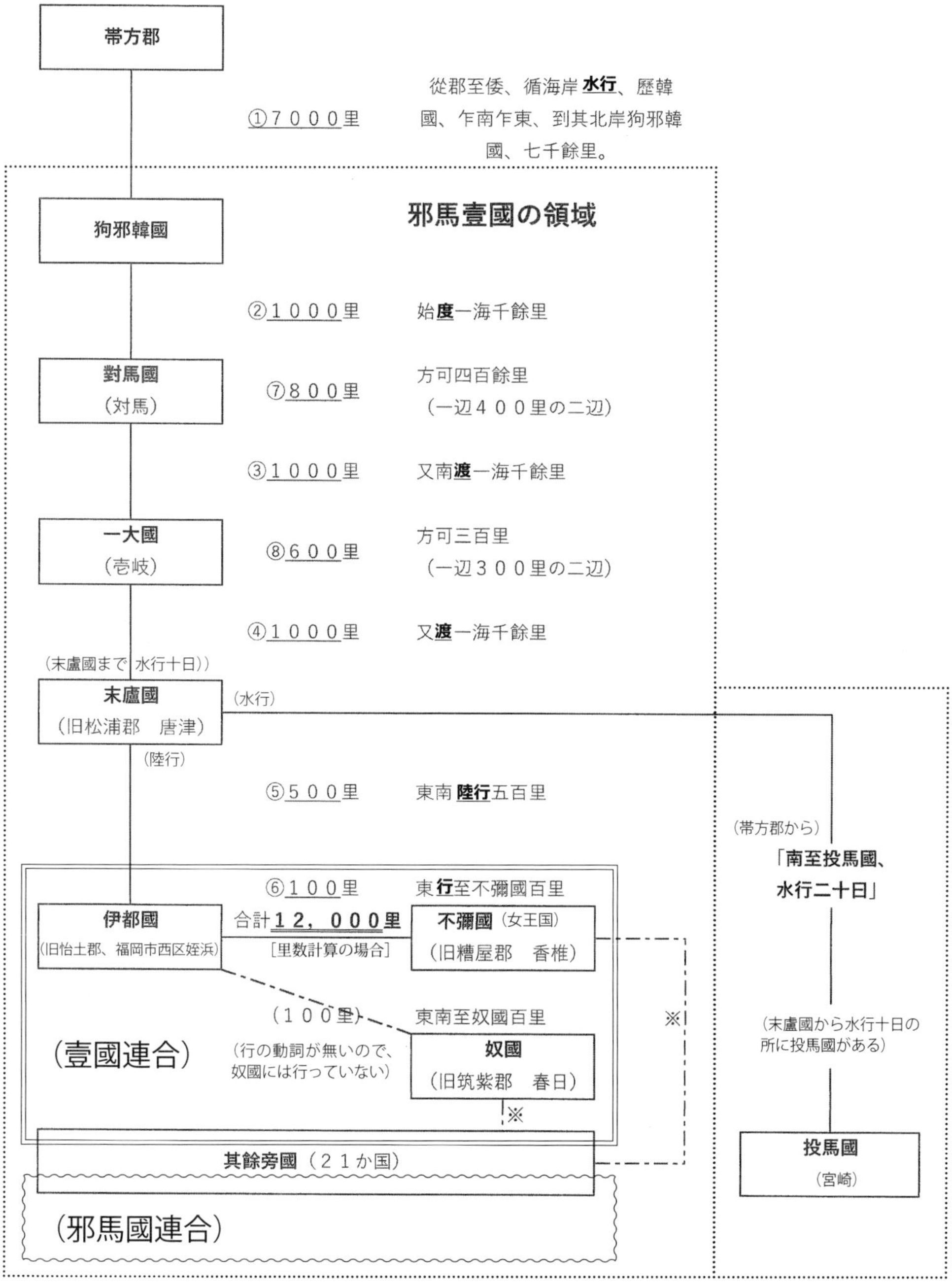

※**「南至邪馬壹國、女王之所都、水行十日、陸行一月」**は帯方郡から南の方角に出発し、末盧國に着くまで水行で十日掛かり、その後陸行で伊都国や奴国、其餘旁國（２１か国）を周り邪馬壹國の中心である不彌國に到着するのに一か月掛かる。

次に「東南至奴國百里」

これは伊都國から奴國までの方角と里数を表示しているものの、不彌國の所のように「行」という動詞が無いので奴國には行っていないと思われ、合計には入れない。

次に「東行至不彌國百里」

これは伊都國から不彌國まで船だと思われ、東行１００里（行程表⑥）かかるとある。ここまでの合計は１０６００里となり、１２０００里との開きは１４００里である。

そこで、里数には入らないように見えるが、對馬國、一大國に関し、それぞれ方可四百餘里、方可三百里との記述に着目した。これは一辺が４００里、３００里と考えてよい。いずれも、その二辺を通過するので、それぞれ2倍の８００里（行程表⑦）、６００里（行程表⑧）となる。これを合わせた１４００里を加えれば、総合計１２０００里となるのである。

このことから、魏の遣いが来た女王国は帯（タイ）国であり、その構成国の一つの不彌國の中心の香椎に来たと結論づけている。『播磨国《はりまのくに》風土記《ふどき》』に、橿日宮《かしいのみや》に伝わる大帯日売《おおたらしひめ》伝承があり、「八幡《はちまん》宇《う》佐《さ》宮《ぐう》御《ご》託宣集《たくせんしゅう》」にも大帯姫《おおたらしひめ》の記載がある。帯（タイ）国の中心は橿日で、卑弥呼は（大）タイ姫と呼ばれていたと考えられよう。『日本書紀』では、この大帯姫を気長足姫尊《おきながたらしひめ》とし、神功皇后《じんぐうこうごう》の伝承として卑弥呼を匂わすように記載している。

香椎宮から西に位置する「古宮跡」である。円墳のような小高い丘になっていて、登って行くと、奥に「仲哀天皇大本営御旧跡」との碑がある。仲哀天皇・神功皇后の話が作られたものだったら、これは何だろう。

仲哀天皇・神功皇后のお二人をお祀りする香椎宮である。香椎宮の前は香椎廟と称されていた。私は、神武天皇を始めとして、歴代天皇、もしくは大王の霊が祀られていると考えている。その中に卑弥呼の霊も祀られているのではないか。

また、行程表の中で里数ではなく、日数で表記されている箇所がある。

「南至投馬國　水行二十日」

「南至邪馬壹國　女王之所都水行十日　陸行一月」

これは倭人が行程を日数で計算していたので、魏の遣いがそれを聞いて倭人伝に書き加えたと考えた。投馬國は帯方郡を南に出発し、水行二十日で至る場所、行程表に示しているように、末盧國まで水行十日で着き、続いて九州を東回りに水行十日で至る場所、そこは宮崎を示すと導かれる。

印鑰神社と言い、武内大臣の御子であり、石川氏の祖神である蘇我石川宿禰が祀られている。印鑰とは印判と鍵のことであり、香椎に卑弥呼が居たとすれば、「親魏倭王」の印は、この様な所で保管されていたのだろうか。

また、帯方郡から邪馬壹国までを里数ではなく、日数で表すと水行十日、陸行一月になると思われる。水行十日は、先述の投馬國までの行程と同様に、末盧國までであり、陸行一月とはその後末盧國に上陸し、邪馬壹国の領域内の国々を巡るのに一月かかるということを表意していると解釈した。

・分裂した大連合国

以上のように、私が考える邪馬壹国は朝鮮半島のプサンから九州北部を領域とし、中心は帯方郡から12000里の不彌國（香椎）に存在し、邪馬國連合と大《た》倭《い》國連合の両勢力がEU（ヨーロッパ連合）のような大連合体を構成していた。金印を授かった後の王は「倭王帥升」で、「帥」という字は「ヒキ」と呼ぶことができ、日木族の王だったと考えられる。この時代から、阿曇族（大倭國連合）と日木族（邪馬國連合）は、一緒に大連合である邪馬壹国を作ったのではないだろうか。

古代の権力移動

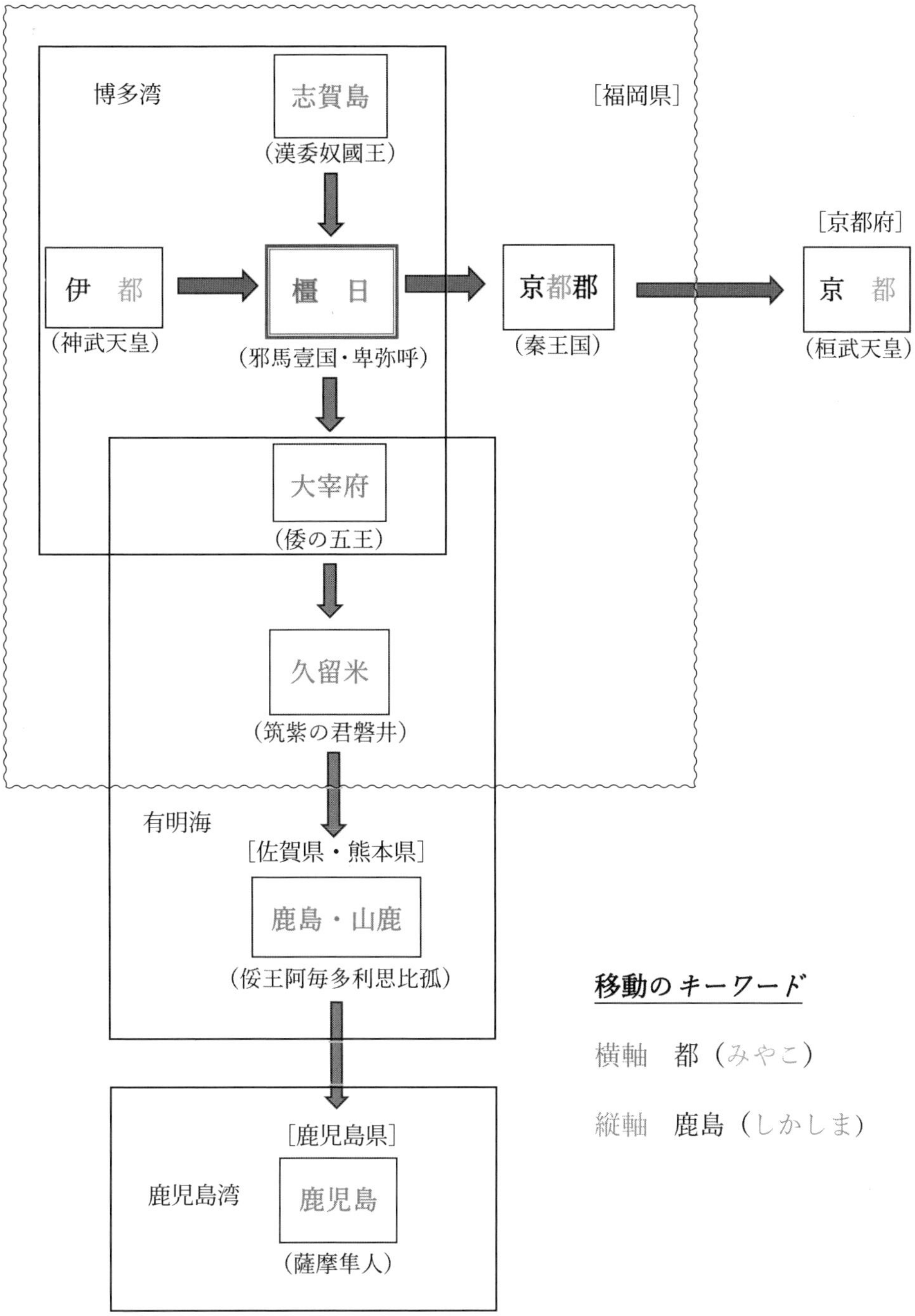

移動のキーワード

横軸　都（みやこ）

縦軸　鹿島（しかしま）

後に大連合国は大きく二つに分裂し、邪馬國連合（東）はヤマト王権の基礎となり、大倭《たい》國連合（西）は敵対していた同族の狗奴國と手を結び、隋書俀國伝《ずいしょたいこくでん》の阿毎多利思比孤《あまたりしひこ》へ繋がっていったと考えるのが自然である。

邪馬國連合（東）は、後の豊国あたりと考えられるが、聖徳太子だとも言われる豊聡《とよと》耳皇子《みみのみこ》という人名から、豊国には、「耳（ミミ、彌彌《みみ》）」という官職があったと推察される。彌彌とは『魏志倭人伝』で言う投馬國の長官（王）の名だ。私は投馬國の位置を現在の宮崎あたりと考えている。豊国（福岡県東部と大分県）と日向国（宮崎県）は、両国とも彌彌という長官名を有していたので、同じ勢力圏内にあったのではないか。この二つで、九州のほぼ東半分を領域としているようだ。

後に、記紀の編纂者は神武東征の話を、自分たちの勢力範囲から奈良へ東征したように作り替えたと推察される。九州の東半分を勢力範囲と考え、神武天皇を宮崎の日向出身として、そこから出発し、一旦、北九州市八幡西区の岡田宮に立ち寄り、奈良へ向かったと、話が作られたのではないか。

また、第二代天皇である綏靖天皇の和風諡号は「神沼河耳命」と言い、「耳」が付いている。「神沼河」を「上沼河」と解釈すると、沼や河の上流の内陸に居る「耳」（長官・王）で、九州の東部出身とは解釈できないだろうか。初代神武天皇と第二代綏靖天皇は、本当に親子なのだろうか。

この分裂の経緯や背景を考察してみた。卑弥呼が亡くなった後、男王が立ったが、国中が従わなかった（「更立男王　國中不服」）のは、日本国（邪馬國）出身の男王では、縄文からの文化を引き継ぎ、女王を重視してきた壹國（倭国）の人々は納得できなかったのではないか。

日本国の中心は、豊の国ではないかと考えている。現在の福岡県の旧京都《みやこ》郡・仲津《なかつ》郡を中心とする地域だったのではないだろうか。卑弥呼の宗女である壹与（トヨ）を日木族の国である豊の国へ送ることにより、後に争いが収まったと思われる。壹与の名前も、「壹（タイ）が与えた」（タイヨ）というところからついたのではないだろうか。

しかし、応神天皇（品陀和氣命・誉田別尊）の時、邪馬壹国は求心力を失い、中心は二つに分かれた。その原因として、新しい勢力が現れたのではないかと考えているが、これは後ほど述べたい。

邪馬壹国の時代、香椎を中心としていたが、一方は豊の国（日木国）の京都《みやこ》郡へ、もう一方は大宰府（壹国・倭国）へと移って行った。後に日木国の中心は近畿に移り、山を重視する人の意味である大和（ヤマト・邪馬人）となり、最終的には山城《やましろ》（背）の地である京都に移り住んだと考えられる。

一方、倭国は大宰府（倭の五王）を中心として発展し、政権を保持していたとみられる。だが、白村江の戦い（６６３年）で倭国が敗北すると、日木国（ヤマト）を中心とした政権に移行し、日本国と名乗ったと推論できる。このことは旧唐書にある「日本は旧小国、倭国の地を併せたり」に符号する。

・おとぎ話に見られる歴史

大倭國連合（阿曇族・海人族）が、邪馬國連合（ヤマト・山を重視する勢力）に敗北したことを象徴する物語として、『海幸・山幸』の説話が作られたと考える。兄である海幸彦が弟の山幸彦に敗れ、忠誠を誓わせられるという物語だ。これは、早い時期からこの地で政権を担っていた阿曇族（倭国・大倭國連合）からヤマトに政権が移ったことを示すと解釈できる。徐福の渡来から何百年も時が過ぎ、国土の開拓が進んで農業生産が増加したことで力関係が変化し、政権の移動があったと考えられる。

蝦夷の本来の意味

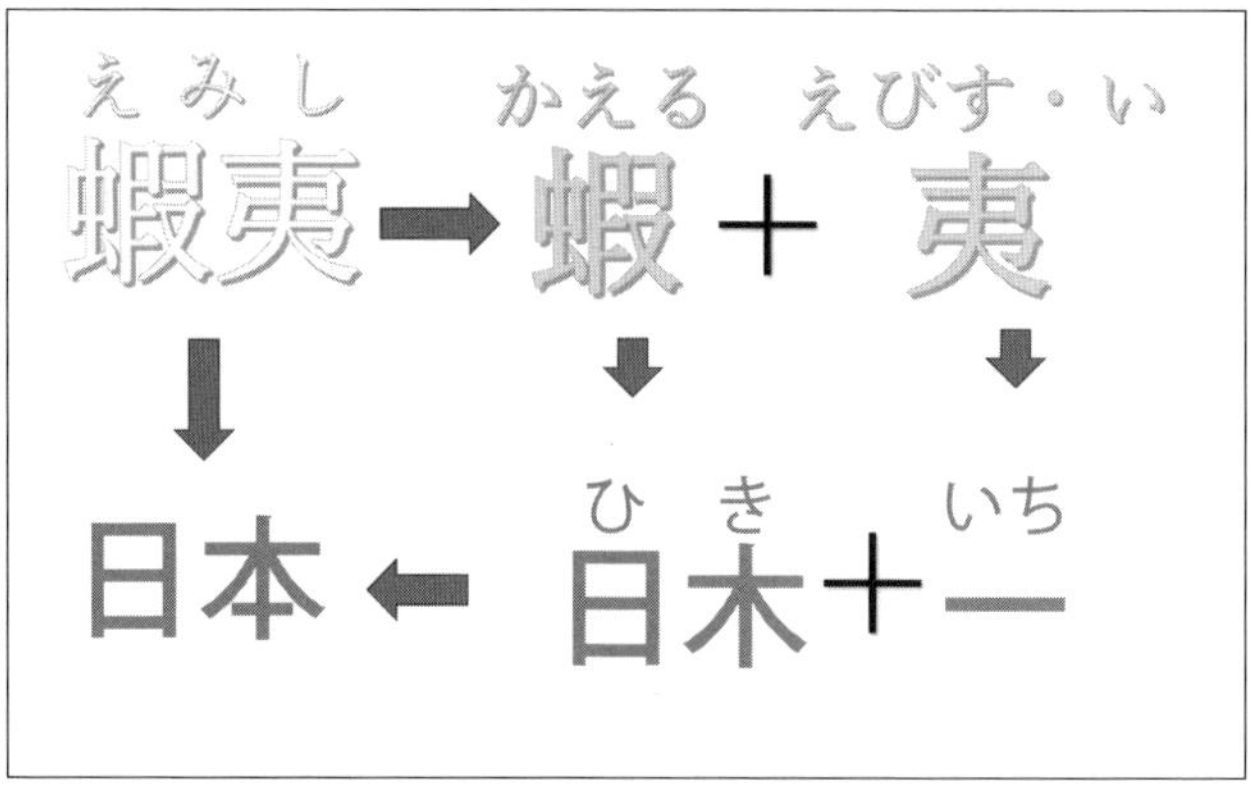

蝦夷の種類に麁蝦夷《あらえみし》と熟蝦夷《にぎえみし》がある

次に『桃太郎』の物語だ。この話はヤマトが政権を取ったことをおとぎ話にしたと考えている。桃太郎の家来になった犬・猿・キジが何を象徴しているかがカギになる。

まず犬の意味を考えた。金印の「委奴」はイヌとも読めるし、邪馬壹国と敵対している「狗奴國」もイヌの奴国と読める。隼人族が「犬」と呼ばれていたことが頭に浮かび、ヤマト王権が敵対していた海人族を家来にしたのだと理解した。隼人族が本拠地にした薩摩は鹿児島だ。鹿児島の字は鹿島《しかしま》の児（子）と解釈できる。その点に立てば、阿曇族の本拠地であり、志賀海神社がある志賀島（福岡）と同じ海人族としての繋がりがあったのだろう。

次に猿は何を意味しているか。日吉大社は猿を神の使いとしていることから、猿は日木族を象徴していると考えられる。これら犬・猿から、ヤマト王権が邪馬壹国の構成部族である阿曇族・日木族を従えたことを象徴しているとの考えが導きだされる。

次のキジの解釈が大変、難しい問題だ。キジと関係がある神社は見当たらない。時間がかかったが、鳩ならば、八幡宮にいる。そうだ、千年以上前には、今の鳩はいなかった、昔いたのはキジ鳩だったのでは、と思い当たった。こう考えると、キジは鳩のことであり、鳩は戦の神様である八幡宮を象徴し、ヤマト王権の軍隊だったという思いに至った。また、それは邪馬壹国の後の時代の勢力として、吉備（キビ・日木族）を中心に、主に九州以外の人々の結集体だったと考えることができる。

　ヤマト王権の征夷大将軍から討伐を受けた「蝦夷《えみし》」の「蝦」という字は、第一の意味はエビだが、第二の意味としてカエル（ヒキガエル）がある。これは「ヒキ」という点から、日木族を表していると考えられよう。また、「夷」という字は「エミシ」と呼ばれるが、「エビス」とも言われる。発音は「イ」であり、漢委奴國王の「委」と同じ発音であることから、阿曇族を表していると推測できる。

　さらに、この「エビス」は、七福神の一人で、唯一の日本の神様であるエビス様（タイを抱えている神様）を指し、これは阿曇族が日本にもっとも古くからいる集団であることを表していると考えた。つまり「蝦夷」という字は、日木族と阿曇族で構成されており、大連合の邪馬壹国と同じ形態になっていることを表している。これらのことから、政権を追われ、東北に逃れた人々の中に、初期の邪馬壹（イ）国時代のように、阿曇族に協力していた一部の日木族の人がいたと考えられる。

　蝦夷の地である青森県に「日本中央」と刻んだ『つぼのいしぶみ』という石碑がある。これは初期の邪馬壹（イ）国の人々が東北地方に逃れてきた後にも、自分たちの国こそ「日木一国」から日本国と名付けたと主張しているように感じられる。旧唐書に日本の名前が付いた理由として、「倭国自悪其名不雅」とあり、名前が良くないので、自ら改めて日本としたと解釈される。「倭国乱」以前の邪馬壹（委）国の時代から日本という呼び名を使用していたのだろうか。

第三章　古代の糟屋とはどんな所か

香椎、檑日、糟屋の屯倉について調べると、古代史において重要な場所であったと感じられるようになった。しかし、『古事記』・『日本書紀』には、邪馬壹国や卑弥呼については書かれておらず、神武天皇・仲哀天皇・神功皇后についてはヤマト王権が中心の話になっている。地名・人名から考えると、矛盾ばかりであるように感じられ、、糟屋を中心に論考してみた。

・妙心寺の梵鐘からわかること

京都市の妙心寺《みょうしんじ》（臨済宗妙心寺派総本山）に国宝の梵鐘《ぼんしょう》がある。この梵鐘は太宰府市の観世音寺《かんぜおんじ》の梵鐘（国宝）と同じ型から造られた「兄弟鐘」とされている。妙心寺の梵鐘の銘文に「戊戌年四月十三日 壬寅収糟屋評《かすやのこおり》造《みやつこ》春米《つきしね》連《むらじ》広国《ひろくに》鋳鐘」とあり、698年に糟屋の地に春米《つきしね》連広国という人物がいたことが確認できる。春米《つきしね》を音読みすると「しょうまい」になる。邪馬壹国の時代の238年に卑弥呼が遣いとした「難升米」は升米を音読みすると、「しょうまい」である。

また、107年、後漢に朝貢した時は「倭國王帥升等」とあり、升は「しょう」と読める。これらの点から、卑弥呼や帥升が博多湾岸に居たとすれば、「升」や「升米」「春米」は糟屋の地で永く引き継がれた名前であると推察される。

糟屋・葛子・春米

筑紫君葛子、恐
坐父誅、獻糟屋
屯倉、求贖死罪
日本書紀　継体天皇紀より

戊戌年四月十三
日壬寅収糟屋評
造春米連廣國杜
寿鍾
京都妙心寺梵鐘（国宝）祈念銘より

・不彌國（旧糟屋郡）の中心は何処か

『魏志倭人伝』に記載された「不彌《ふみ》國」の中心の比定地として、宇美《うみ》町や飯塚《いいづか》市が挙げられている。宇美や飯塚の地は遺跡が在り、考古学的に見ても、邪馬壹国時代の不彌國の中心と考えてもおかしくはない。

しかし、3世紀の日本列島において、「海の民」と「山の民」両勢力の力関係を見ると、阿曇族を代表とする「海の民」の勢力が大きかったのではないだろうか。『魏志倭人伝』に書かれた戸（家）

数は、一大國（壱岐國）の3000家に対し、伊都國1000戸、不彌國1000家となっている。海辺に人口が集中していたようだ。

また、国内の様子に関しても「宮室・楼観・城柵をおごそかに設け」と、重要な場所はしっかり守られているが、一般民衆は「斷髪文身　以避蛟龍之害　今倭水人好沈没捕魚蛤　文身亦以厭大魚水禽後稍以爲飾」と、顔や身体に入れ墨をして、好んで潜って魚やハマグリを捕らえるなど「海人族」を中心とした書き方がなされている。

　これらから判断すると、宇美や飯塚のような内陸ではなく、香椎のように海に近い場所が、「不彌國」の中心地として比定するのにふさわしいと考えられる。

　香椎宮から北東8㎞ほどの所に、天照大御神をお祀りする猪野《いの》天照皇大神宮《てんしょうこうたいじんぐう》がある。これは「卑弥呼」を示唆しているように思っている。所在地は糟屋郡久山町《ひさやままち》猪野《いの》。「九州のお伊勢様」とも言われ、信仰を集めている。また、糟屋郡宇美町《うみまち》井野《いの》には、宇美八幡宮の御旅所である八幡産宮がある。漢字は違うが、どちらも所在地の地名は「いの」である。一方、「漢委奴國王」の「委奴」は「いの」とは呼べないだろうか。そして、これら「猪野《いの》」「井野《いの》」は「委奴國」の領域を表していないのだろうか。

　糟屋郡は江戸時代、表糟屋《おもてかすや》と裏糟屋《うらかすや》と呼ばれた時代があり、南部を表糟屋、北部を裏糟屋と言っていた。これは糟屋郡の北部は長い海岸線が続き、浦（漁村）が多くあったので付けられた名前ではなかったのだろうか。言うなれば「浦糟屋《うらかすや》」であろう。一方の表糟屋は農業を中心とし、さしずめ「村《むら》糟屋《かすや》」だったのだろう。ここでも漁業中心と農業中心の邪馬壹国と同じ図式だったと思われる。

　志賀島は糟屋郡の志珂郷《しかごう》、阿曇郷《あずみごう》等の領域になると思われるので、邪馬壹国の時代は不彌國に属していたと推察される。

そこで、博多湾の志賀島から出土した「漢委奴國王」の印にも触れておきたい。

なぜ、墓でもなく、遺跡でもない所から発見されたのか。偽物ではないかとさえ言われている。

金印を授かった57年当時、「委奴國」の領域であった志賀島は、現在でも三笠山という地名が残っていることから、初期の頃の国の中心があったと考えている。この後、『魏志倭人伝』にいうところの「倭国乱」が起こり、委奴國の人々は逃げざるをえなかった。金印を持って逃避することもできたかもしれない。だが、金印はこの志賀島を中心とする人々が頂いたのであるから、この地に残そうと、持ち出さずに秘匿し、慌てて逃げたものと考えられる。

そのように思いを巡らせば、発見場所が墓や遺跡ではない理由に納得がいくのである。志賀海神社の参道の脇に印鑰《いんやく》神社があり、委奴國の時代には、そうした所で「金印」を保管していたのだろう。

金印を下賜されたことを記載している『後漢書東夷伝』に「倭国之**極南界**也」という文がある。奴国が倭国の南の端に位置していると解釈されているが、私は「倭国が南界を極《きわ》める」と解釈したい。倭人が太平洋や中南米大陸のことをよく知っていて、その情報を光武帝に伝えたと考える。倭人が遠い地から、はるばる朝貢に来ただけではなく、南の国々「南界」の情報をもたらしたので、その対価（褒賞《ほうしょう》）として、金印が下賜されたと思える。

倭人は縄文時代から海流に乗り、太平洋を横断し、中南米大陸まで行っていた可能性がある。それを証明するかのように、熊本県球磨郡多良木町に、「謎の石球」（直径１４０㎝・重さ４ｔ）が土砂の中から出てきている。このような石球が中米のコスタリカの海岸にもあり、海人族は石球を使い、海流に乗って太平洋を航海する技術を持っていたと考えられる。海流に乗り、太平洋を航海するとき、海の中を見ると、あたかも亀の背に乗っているように見えたのだろう。これは浦島太郎の話にも投影されているのではないか。

博多湾岸にある筥崎《はこざき》宮の末社に、玉取《たまとり》恵比須《えびす》神社がある。「玉取祭（玉せせり）」という神事は、陸《おか》組と浜組に分かれ、玉を取り合う祭りである。歴史作家である河村哲夫氏の講座を受講した中で、「不彌國」の長官の名前は「多模」と言い、「タマ」とも呼べることを学んだ。そう考えると、「玉せせり」は不彌國の長官、すなわち主導権争いを示し、陸組と浜組は「山の民」と「海の民」、農業と漁業、日木と壹の様に二つの勢力争いをしていると思われる。

＊河村哲夫氏　歴史作家・福岡県文化団体連合会顧問。著書に『神功皇后の謎を解く 伝承地探訪録』『天を翔けた男 西海の豪商・石本平兵衛』など。

・天皇の和風諡号《わふうしごう》からわかること

神武天皇については第一章で述べた通り、出身は伊都国で糸島市と福岡市の境の日向《ひなた》峠を出発し、福岡市東区の香椎（橿日・東）にやって来て、タイ国（筑紫国の前身）を始めた天皇であると考えている。

また、『日本書紀』に神功皇后は卑弥呼であると思わせるような記述がある。神功皇后が仲哀天皇と共に行宮《あんぐう》として、香椎に来たと書かれており、卑弥呼が香椎に居たことを示唆していると思われる。

これは『日本書紀』が作成された8世紀初め、作者たちは卑弥呼が香椎に居たとの考えを持っていたことが推察される。

神功皇后の夫である仲哀天皇も関西から福岡の香椎にやって来たと、『日本書紀』に書かれている。これを和風諡号（帯中《たらしなかつ》日《ひ》子《こ》天皇・足仲彦《たらしなかつひこ》天皇）から考えると、仲哀天皇はナカツ（仲津）出身であり、タラシ（帯・タイ）国で王になった天皇と解釈できる。仲津は福岡県東部の旧仲津郡で、邪馬國の中心の一つと思われる。帯（タイ）国は博多湾岸の伊都國・奴國・不彌國等の連合国のことであり、その中心であった香椎に来たと思われる。仲津と香椎の間には、仲哀峠という地名が今も残されていて、この峠を通り、香椎に来られたのかもしれない。また、十四代仲哀天皇は和風諡号に帯《たい》が付く最後の天皇でもある。

大倭・帯の字が和風諡号の中にある天皇を挙げてみる。

第四代　**大倭**日子鉏友命（懿徳天皇）
第六代　**大倭**帯日子國押人命（孝安天皇）
第七代　**大倭**根子日子賦斗邇命（孝霊天皇）
第八代　**大倭**根子日子國玖琉命（孝元天皇）
第十二代　大**帯**日子淤斯呂和気天皇（景行天皇）
第十三代　若**帯**日子天皇（成務天皇）
第十四代　**帯**中津日子天皇（仲哀天皇）
第十五代　品**陀和**気命、大鞆**和気**命（応神天皇）

日本―日下＝くさか

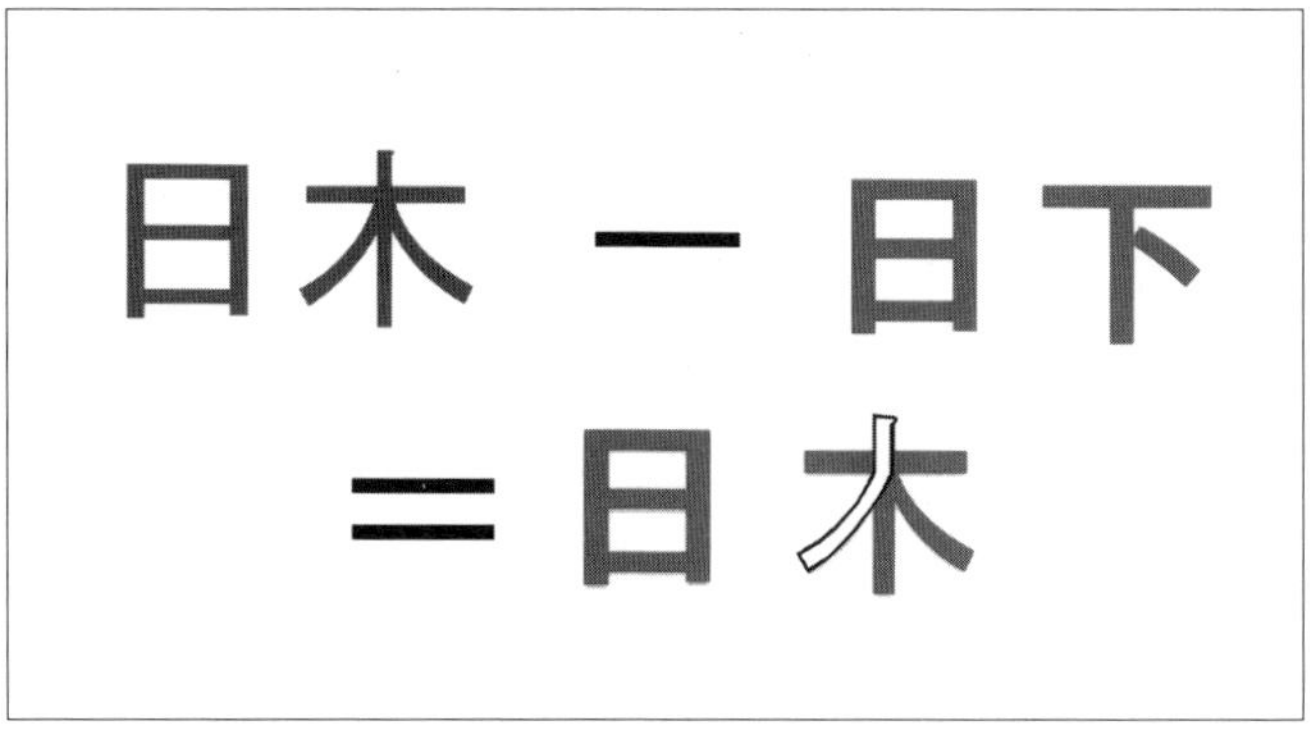

これら天皇の和風諡号に大倭・帯と付くのは、タイ国の王となった天皇を表していると考えられる。なぜ「大倭」を「おおやまと」と称し、「帯」を「たらし」と呼ばないといけないのか、私はまだ、解明できていない。ただ、タイ国の存在を消すために、読み方を故意に変えたと感じられる。『魏志倭人伝』に記載の「帯方郡」は「タラシホウグン」とは読んでいなかったと思う。大倭も帯も「タイ」と呼んではどうだろうか。

『古事記』の序文に「於姓日下謂玖沙訶、於名帯字謂多羅斯、如此之類、随本不改。」（姓《うじ》に於きて日下を玖沙訶《くさか》と謂ひ、名に於きては帯の字を多羅斯《たらし》と謂ふ、此くの如き類は、本の随《まにま》に改めず）とある。「日下」は「くさか」と、「帯（帯）」は「たらし」と昔から言っていたので、改めなかった、と記載されている。どうして、この二つの言葉だけ、このようにしたのだろうか。本来、「日下」は「ひのもと」と、「帯」は「たい」と呼んでいたのではないか。「ひのもと」は国号の「日本」に呼び名を統一するために、「たい」は「帯（国）」の存在を消すためではなかったのか。「日下」も「日木」を介すれば、「日本」―「日下」＝『「くがさかさま」が残る』となり、「くさか」と呼んだと考えられよう。

香椎宮は大分県の宇佐神宮とともに、九州での勅祭社である。九州での勅祭社はこの二社に限られていて、香椎の卑弥呼（大帯姫《おおたらしひめ》・大帯日売命《おおたらしひめのみこと》）が天照大御神《あまてらすおおみかみ》として、伊勢神宮の内宮《ないくう》へ、宇佐の

伊勢神宮に祀られているのは

[内宮]

天照大御神《あまてらすおおみかみ》→卑弥呼《みひこ》→香椎宮
（大帯日売命）

[外宮]

豊受大御神《とようけのおおみかみ》→壹与《とよ》→宇佐神社
（比売大神）

香椎宮（福岡県）、宇佐神宮（大分県）　両神社とも九州における勅祭社

壹与《とよ》（比売《ひめ》大神《おおかみ》）が豊受大御神《とようけのおおみかみ》として外宮《げくう》へ祀られていると考えることはできないだろうか。

安本美典氏の「天照大御神は卑弥呼の史実が神格化した」との主張に賛同するものである。だが、私は香椎の卑弥呼が天照大御神とされたと考えている。そうすると、神武天皇は卑弥呼より前の人となり、記紀の設定とは順番が逆になってしまう。

しかし、記紀の天照大御神は神格化された神様として作られた話であり、必ずしも歴史に忠実に書かれているとは限らないであろう。また、安本氏が解く「北部九州と畿内の地名が、相対的な位置関係も含めよく似ている。」との説に、大いに共鳴する。本来、『古事記』『日本書紀』は北部九州の出来事が基になって書かれたと思われるが、これらのことを畿内中心で起こった出来事とするため、地名を移したと考えられる。

＊安本美典氏　心理学者、日本古代史研究家。「邪馬台国」に関する多数の著書があり、「卑弥呼＝天照大神薩説」、「邪馬台国＝甘木・朝倉説」などを発表。

第十五代応神天皇の和風諡号の和気《わけ》は、『日本書紀』では別《わけ》と表記され、何かを分けたことを意味していると考えられる。神功皇后の説話では、現在の宇美町で応神天皇を出産したとなっている。そ

の際にショウケの籠に入れて峠を越えたことから、その名が付いたとされる峠を越えると、飯塚市に大分《だいぶ》八幡宮《はちまんぐう》がある。宇佐神宮の託宣集である『八幡宇佐宮御託宣集』に「我か宇佐宮より穂浪大分宮は我本宮なり」とある由緒ある神社である。

景行・成務・仲哀・応神・仁徳の５代（第12代から第16代）の各天皇に仕えたという伝説上の忠臣である「武内宿禰《たけのうちのすくね》」について、『独筑紫を裂きて、三韓を招きて己に朝はしめて、遂に天下を有たむ』と『日本書紀』にある。それは応神天皇の時であり、筑紫が東西に二分されたことを和風諡号に記していると考えられる。

西が邪馬壹国時代の壹（帯・タイ）國の勢力で、大宰府を中心として倭の五王に繋がっていき、東が邪馬壹国時代の邪馬（日本）國で豊国となり、後のヤマト王権に繋がると考えられる。大分八幡宮も名前から考えると、筑紫の分割に何か関りがないだろうか。

・磐井の乱における継体天皇の目的は

「糟屋の屯倉」は、古墳時代の筑紫国にあった屯倉だ。位置は現在の福岡県糟屋郡（福岡市東区を含む）付近と推測されている。継体天皇21年（５２７年）、朝鮮半島情勢を巡り、筑紫の国造《くにのみやつこ》・磐井《いわい》が反乱を起こしたが、翌年の22年（５２８年）11月に、物部《もののべ》麁鹿火《あらかび》によって鎮圧された。磐井の子・葛《くず》子《こ》は、父に連座して誅されることを恐れ、この屯倉を献上し、死罪を免ぜられたという。概ね、このように解説されている。

しかし、「磐井の乱」は筑紫の磐井がヤマト王権に反乱を起こした、ヤマト王権と筑紫の戦いではなく、豊国に居た継体天皇が筑紫の磐井（倭王）に対して権力の正当性のため、糟屋の屯倉を手に入れようと起こした戦いであると考えている。

その理由は次の四点が基になっている。

①磐井が近江毛野に「お前とは同じ釜の飯を食った仲だ」と言ったとある。それは、磐井と近江毛野は邪馬壹国から続く体制で一緒にやって来たが、他の所から来た継体天皇の指示には従わないという意味だと考えられる。

②『筑後国風土記』には「官軍が急に攻めてきた」とあり、突然、福岡県の小郡《おごおり》市付近で戦いが始まっている。近畿の大和から大軍が来たとすれば、軍隊が行軍しているのは事前に分かる。突然に戦いが始まることはあり得ないはずだ。しかし、豊国と筑紫国の戦いならば、兵を飯塚あたりに集結させ、冷水峠《ひやみずとうげ》を越えて、小郡市あたりで戦いが突然、始まってもおかしくはない。

③「長門から東は私が取ろう。筑紫より西はそなたが治めよ」と継体天皇が物部麁鹿火に言ったことである。これは長門と筑紫の間の豊国が抜けていて、豊国に継体天皇自身がおり、こう述べたと理解すれば、疑問は生じない。

④「磐井の子である筑紫の葛子は連座から逃れるため糟屋の屯倉を大和朝廷へ献上し、死罪を免ぜられた」となっている。糟屋で生まれた応神天皇の5代孫とされている継体天皇は、糟屋生まれの血統を重視しているようにも考えられ、初代神武天皇からの霊を祀《まつ》る香椎廟《かしいびょう》がある糟屋の屯倉を献上させ、権力の正当性の象徴を手に入れたのではないだろうか。

香椎・糟屋で考えられること

香椎・橿日・糟屋の屯倉

・香椎は**神武東征**の地と考えられ、初代神武天皇から歴代の天皇（大王）の霊を祀る**霊廟**であった「當社橿日大明神者、聖代前烈の宗廟、命世神武霊尊也」（筑前国続風土記 貝原益軒）

・橿日は仲哀天皇の行宮としての扱いであるが、本来は初代神武天皇から 14 代仲哀天皇までの**タイ国の中心**であったと考えられる

・香椎に**大帯日売**の伝承があり、邪馬壹国（タイ国）の女王卑弥呼と考えられる

・香椎宮は大分の宇佐神宮とともに九州での**勅祭社**である

・応神天皇の生誕地は糟屋の宇美である

・継体天皇は応神天皇の五代後で磐井の乱の後糟屋の屯倉を手に入れた

・107 年の朝貢時　倭国王帥升《しょう》
・238 年の魏への朝貢時　卑弥呼は難升米《しょうまい》を遣いとした
・698 年と記された梵鐘の作成主は、糟屋評造舂米《しょうまい》連広国である

[升《しょう》→升米《しょうまい》→舂米《しょうまい》]
卑弥呼の時代以前から糟屋の地で引き継がれた名前であると考えられる

以上のことから、糟屋評造春米連広国は、１０７年後漢に朝貢した倭國王帥升に繋がる家系と考えられ、糟屋の中心である香椎は、邪馬壹国時代に卑弥呼が居住した不彌國の中心でもあったと解される。また、歴代天皇の和風諡号から、初代神武天皇から十四代仲哀天皇までは、大倭《たい》（帯）国の橿日（香椎）に都をおいており、磐井の乱の糟屋の屯倉は、政権の正当性に関わっていたとの考えを導き出せる。

第四章　古代から現代へ

・呉からの渡来者と徐福一行

第二章で、壹《たい》國（倭国）連合と共に、大連合国の「邪馬壹国」を形成した邪馬《やま》國（日木《ひき》国）連合の中心勢力「日木族」が、紀元前三世紀、中国から徐福に連れられてきた人々であったと述べた。その数は三千人を超え、何十か所にも分かれて入植していたと考えている。

徐福にまつわる伝承を取り上げてみる。中国の歴史書『史記《しき》』巻百十八「淮南衡山列伝《わいなんこうざんれつでん》」によると、秦の始皇帝に「東方の三神山長生不老の幽薬がある」と具申し、始皇帝の命を受け、三千人の童男童女（若い男女）と百工（多くの技術者）を従え、財産と財宝、五穀の種を持って、東方に船出したとされている。徐福のルーツはユダヤ人であるとの説もあり、ユダヤ系の人々が「徐」という名前を持っているという。

徐福が旅立ったのは紀元前２１０年のことだ。徐福の伝説地は何十か所もある（日本地図を参照）が、徐福本人は福岡県の志賀島に来て、日木族の最初の人（日木早人《にぎはやひ》）として、阿曇族と共に委奴國の基礎を築いたと考えている。「八幡宇佐宮御託宣集」に、志賀明神を『方士《ほうし》』と表記している。「方士」とは徐福が始皇帝に仕えていた時の官職名であり、その名を志賀明神は名乗っている、代々受け継がれた名だったのだろう。これが徐福が福岡の志賀島に来たと考える理由だ。

また、徐福は二度、旅立っている。どうしてだろうか。最初、倭人の地に来た時に、阿曇族（海人族）の長《おさ》と移住する計画について、話を付けていたと思われる。それで、二度目の旅立ちがあったのだ。この二度目の時に、稲作農業が可能な土地に、何十か所にも分かれて計画的に入植したと考えられる。海人族側にとっても、一緒に「国」を作るという目的があったのだろう。

私は、徐福伝承の地として、佐賀が重要だととらえている。有明海沿岸の佐賀市諸富《もろとみ》町には、徐福が上陸し、しばらく滞在したとの伝承があり、やがて不老不死の薬を求めて、北方にそびえる金立《きんりゅう》山に向かったと伝えられている。近くには弥生時代の環濠集落で知られる吉野ケ里遺跡があり、徐福一行の子孫が、建設・運営に大きく関わったと考えられる。金立山をさらに北上すると、脊振《せふり》山地がある。それを越えると、邪馬壹国時代の伊都國や奴國にたどり着くことができる。

私は第一章で述べているように、神武天皇は伊都國の出身と考えており、天孫降臨《てんそんこうりん》の地も伊都國になる。徐福一行が脊振山地を越え、伊都國に降りて行ったことは、そこで生活していた倭人たちにとって、大いに歓迎すべき出来事に感じられたと思われる。絹の服とズボン姿で、教養もあり、多くの宝も携えていたのではないだろうか。この出会いが天孫降臨の基になったと考えるのだ。

ただ、ここに来た徐福一行（日本族）に、徐福本人はいなかった。中心になっていたのは、徐福の近親者、例えば息子ではなかったのだろうか。糸島市の遺跡から、弥生時代に使用されていた「硯《すずり》」

が発見されており、紀元前から文字を使用していたと考えられる。徐福一行の日木族の人々が持ち込んだものと考えても矛盾するものではない。

一方、徐福が来た時にすでに居た人々、それは呉の国からの渡来者だ。彼らが本来「倭人」と呼ばれる人で、阿曇族に代表される海人族ではないだろうか。『魏志倭人伝』に記されている様子は、農民というよりも漁民の生活を表している。麻の着物（呉服）のようなものを着ていたのではないのか。徐福が渡来する二〜三百年前に、中国で呉の国が越の国に敗れ、日本に逃れて、縄文文化と同化した。それは江戸時代まで庶民が呉服を着ていたことにもうかがえる。この時が日本の縄文文化から弥生文化に移った時期と思われる。

大嘗祭《だいじょうさい》の時、麻と絹の二種類の布が使用される。麻は麁服《あらたえ》と言われて、海人族を表し、絹は繪服《にぎたえ》と言われ、日木族を表すと考えられる。また、儀式に使用される建物も二棟建築され、西の主基殿《すきでん》が九州の西側の海人族を表し、東の悠紀殿《ゆきでん》が九州の東側の日木族を表していると思われる。邪馬壹国時代の関係を引き継ぐ儀式ではないだろうか。

・大宰府と大王たち

古代史で、大宰府は避けて通れない。大宰府は古い時代から大和朝廷の出先機関だったのだろうか。大宰府は「大王之遠之朝廷《とおのみかど》」と呼ばれていた。これは5世紀の倭の五王の時代、倭王武が「使持節都督倭・新羅・任那・加羅・秦韓・慕韓六国緒軍事　安東大将軍　倭王」と言われた時、倭国だけに

倭の五王の都

遠の朝廷

大宰府

東夷《とうい》の朝廷

倭の五王（讃・珍・済・興・武）の時代に政治の中心が香椎から大宰府へ移ったと考えられる

倭王武の上表文

「東征毛人《［九州の東側］》五十五國、西服眾夷《［九州の西側］》六十六國、渡平海北《［朝鮮半島］》九十五國」
（東は毛人を征すること、五十五国。西は衆夷を服すること六十六国。渡りて海北を平らぐること、九十五国。）

倭王武

「使持節都督倭・新羅・任那・加羅《［朝鮮半島］》・秦韓・慕韓六国諸軍事安東大将軍倭王」

とどまらず、六国全体の東夷の大王にまでなった。この倭の五王の時代、大宰府に朝廷を立てたのではないか（「東夷《とうい》の朝廷」）。それが大宰府の最初であり、香椎から政権が移ったと考えられる。香椎と大宰府をつなぐ道の途中に、駕輿丁《かよ(い)ちょう》（糟屋郡粕屋町）と言う地名がある。駕輿丁とは身分の高い人（天皇など）を運ぶ集団を指す。一時期、政権の移行を終えるまで、香椎と大宰府を行き来していたので、この名前が残されたのではないだろうか。先述したように、邪馬壹国は日木国連合（邪馬）と倭国連合（壹）の大連合国家であったと考えており、大宰府はその倭国連合を引き継いでいると思われる。

その後6世紀、倭国王で大宰府に居た磐井（筑紫の君）は継体天皇に討たれた、いわゆる磐井の乱である。これは第三章で論述したように、決して磐井がヤマト王権に反乱を起こしたのではなく、日木国と倭国の争いだったと推察している。戦いに敗れたことで、権力の中心は久留米へと移されたのではないだろうか。次に7世紀になり、阿毎多利思比孤の時のことだが、隋から派遣された様子が分かるのが、『隋書俀國伝《ずいしょたいこくでん》』である。

「明年　上遣文林郎裴清使於俀国　度百濟行至竹島　南望聃羅國經都斯麻國迥在大海中　又東至一支國　又至竹斯國　又東至秦王國　其人同於華夏　以為夷洲疑不能明也　又經十餘國達於海岸　自竹斯國以東皆附庸於俀」

隋の遣いは、竹斯《ちくし》國（筑紫国）から次に東へ向かい、『秦王國《しんおうこく》』に行っている。ここは何処だろうか、私は筑紫の東にあたる筑豊地区と旧京都郡・仲津郡あたりではないかと考えている。邪馬壹国時代「邪馬国」（日木国）があった所で、隋の遣いが来た時には「秦氏《はた》」が住んでいた。『日本書紀』によると、応神天皇の時代に、秦氏の祖である「夕月《ゆづき》の君《きみ》」が数万人を率いて、百済から渡来している。「弓月の君」は秦の始皇帝の子孫という伝承を持ち、徐福の子孫とは同族ではないか。邪馬壹国時代の邪馬國が在った所に移り住んでいて、秦氏《はた》を名乗り、秦王国を築いていたのだろう。遣いの者は、夷《い》州（倭人の国）なのに、中国人のようだと疑問に感じているようだ。

俀《たい》國の中に、もう一つ大きな権力の中心が出来つつあったので、遣いは秦王國にも行ったと推察する。また、秦王國を訪れた後、十数カ国を経て目的地に着いている。この目的地は何処だろうか、正確には書かれていない。海岸がある所だ。瀬戸内海を航行し、大阪湾に着いたのだろうか。原文には、海を渡るという言葉はない。

私は、海は渡らずに、九州の中を歩行したと考えている。その時に隋の遣いは、阿蘇山を見ている。それで『有阿蘇山其石無故火起接天者』とわざわざ阿蘇山の事を書いたのではないか。熊本県玉名《たまな》郡和水《なごみ》町に江田《えた》船山《ふなやま》古墳があり、素晴らしい副葬品が出土した古墳である。古墳の主とは時代が合わないが、阿毎多利思比孤とは近い関係の人だったのだろう。当時、権力の中心がここに移っていて、阿毎多利思比孤はこの地で隋の遺いを迎えたのかもしれない。海岸とは有明海ではないか。この後、倭国（俀國）の権力の中心は薩摩の隼人族に移っていったのだろう。

　佐賀県鹿島《かしま》市に日本三大稲荷神社の祐徳稲荷神社《ゆうとくいなりじんじゃ》がある。江戸時代に秦《はた》氏の祖霊を祀った京都の伏見稲荷大社《ふしみいなりたいしゃ》より勧請《かんじょう》され、九州の神社では太宰府天満宮に次ぐ参拝者が訪れる。しかし、鹿島と言う地名なのに、鹿島が付く神社が無い。地図で色々探したが見つからない。ある時、佐賀県の地図を見ていて、鹿島市の隣町の白石町に、彦島神社《ひこしまじんじゃ》と言う名前が目に留まった。ヒコシマ神社⇓肥鹿島《ひかしま》神社（肥《ひ》の国の鹿島神社）ではないか。元は鹿島神社で、海人族の拠点ではなかったのだろうか。

　南東の方向、有明海を挟んで対岸の熊本県玉名市には、この地方の豪族であった日置氏《へきし》の守護神として崇拝された疋野神社《ひきのじんじゃ》がある。そして、その北東に位置するのが、江田船山古墳を抱える和水《なごみ》町である。また、和水町から東に、狗奴國の中心ではないかと考えられる、山鹿《やまが》・菊池《きくち》地区がある。有明海は基本的に海人族が支配していたと考えられるが、玉名市の日置《へき》氏や八代市の日置町、鹿児島県の日置《ひおき》市など、日木族と考えられる勢力と共存していたと思われる。有明海の有明とは、「日」と「月」がここに「有」るとの、共存関係から名付けられたのではないか。

　江田船山古墳の近くに、「トンカラリン」と呼ばれるトンネル型の遺構がある。日本のエジプト考古学の第一人者である吉村作治氏により、エジプトのピラミッドとの共通点が指摘されている。古代エジプトには、アテン、アメンと言われる神様がいた。どちらも太陽神を示していて、このアテン、アメンは日本の「天（テン、アメ）」の呼び名に似ていて、天も広い意味で太陽を表すものと考えられる。古代にエジプト人の考え方が、海人族により伝えられていたのだろうか。

日本の大嘗祭《だいじょうさい》（皇位継承の儀式）において行われる、「真床覆衾」（マドコオフスマ）の儀式は、古代クフ王のピラミッドの中にある王の間で行われる儀式と共通していたのではないか。この儀式は海人族が行っていた本来の儀式だと思われ、江田船山古墳があるこの地で、古代には王の魂の復活の儀式を行っていたと考えることはできないか。それに対し、日木族の重要な儀式は三種の神器の引継ぎではなかっただろうか。

太宰府天満宮に伝わる神事に「鬼すべ」がある。倭（委）国の人々が鬼として攻められたことが神事として残っていると考えられる。また、もう一つ有名な神事に「うそ替え」がある。これは天満宮が元々、阿毎多利思比孤を祀っていたものを、菅原道真にすり替えたことから行われるようになったのではないだろうか。

大宰府を追われた倭（委）国の人々は、漢委奴國王の金印を賜った人々に繋がる阿曇族に代表される海人族であったと考えられる。九州第二の天満宮（水田天満宮）がある筑後の羽《は》犬塚《いぬづか》（破委奴塚《はいぬつか》）や、飯塚《いいづか》（委塚《いづか》）で激戦の末、委《い》の人たちが敗れ去ったと、地名から解釈できないだろうか。倭国の人は南に逃れ、最終的に鹿児島で、隼人（早くからいる人）として抵抗

鬼とは

御委　おんい ONNI
↓　↓
鬼　おに ONI

古代鬼と呼ばれた人は、夷《えびす》とも言われ安曇氏に代表される海人族で、漢委奴國王の印をもらい博多湾沿岸にタイ（大委・帯）国を作っていた「委」の人だ。しかし天満宮の鬼すべ神事に表されているように、権力を奪われ「鬼」として蔑まれるようになったものと思われる。

したが、隼人側の抵抗は721年に終わっている。

いわゆる大化の改新（乙巳の変・645年）の年に、日本書紀では、「大化元年」としたとあり、建元をしたように書いてある。その後、白雉・朱鳥などの元号はあるものの、ずっと続いているわけではない。元号が途切れなく続いてゆくのは大宝からであり、701年（大宝元年）にヤマト王権が名実ともに実権を掌握したのではないだろうか。行政区域の単位で、評から郡に変わるのも、この年からである。

関東では、茨城県の鹿島は志賀島や鹿児島と同族で抵抗したと思われるが、そこの人々が蝦夷として、征夷大将軍からヤマト王権に追われて行ったと考察している。

秋田県の男鹿半島周辺に「なまはげ」の風習が残されている。この由縁は委奴國の志賀島から落ち延びた阿曇族の人々ではないだろうか。「なまはげ」には、漢の武帝の家来との言い伝えがある。これは、後漢の光武帝から金印を下賜されたことが基になっていると考えても、不思議ではない。このように、倭の五王の時代に「東夷の朝廷」と言われていた大宰府は、7世紀の白村江の戦いに敗れたため、倭国の首都から一地方の政府機関へと性格が変わったのである。

・聖徳太子はどんな人

ところで、日本で偉人と伝わる聖徳太子はいったいどんな人だっただろうか。実在しなかったという説もあるが、厩戸皇子《うまやどのみこ》、豊聡耳皇子《とよとみみのみこ》、阿毎多利思比孤《あまたりしひこ》などの名を持ち、超人的な能力を有する人物と伝えられてきた。第31代用明天皇の第2皇子が厩戸皇子で、またの名を豊聡耳皇子とされている。豊聡耳というところから、豊の国の耳（長官・王）の子と解釈できる。そうすると、父親の用明天皇（橘豊日天皇）は豊国の王だったのではないか。

もう一つの名前、阿毎多利思比孤は遣隋使を派遣した俀國の王で、熊本に居たと思われる。九州の東と西に居た人を、ヤマト王権の話とするため、厩戸皇子という名で三つの名前をまとめ、聖徳太子としたと考えられる。厩戸《うまやど》という言葉は聖書のキリストの誕生を連想させ、原始キリスト教との共通性が感じられる。

阿毎多利思比孤《あまたりしひこ》
俀國王・遣隋使を派遣

聖徳太子
厩戸豊聡耳皇子《うまやとのとよとみみのみこ》
通説は欽明天皇の皇子
↓
厩戸という名の
豊国の長官（王）の皇子

天足彦《あまたりしひこ》
天満
天足と天満は同じ意味で、
天満宮の本来の主祭神は**阿毎多利思比孤**ではないか
↓
菅原道真
菅原道真に替えられている

聖徳太子が本当に天皇の血筋の人物だとしたら、なぜ物部守屋との戦いの時、神道を擁護せず、仏教の側に付いたのか、との疑問を拭えない。このことから、天皇家を推す勢力とは敵対した人物と考えることはできないだろうか。法隆寺の夢殿にある聖徳太子の等身と言われる救世《くぜ》観音像《かんのんぞう》。この像はなぜ、明治に来日した美術史家アーネスト・フェノロサによって解かれるまで、白い布で覆われたままになっていたのだろうか。私はこの観音像こそ、倭（俀）國王の阿毎多利思比孤、その人だと考える。当時のヤマト王権はこの阿毎多利思比孤が復活することを恐れ、まるでミイラの様に白い布で覆ったと思っている。ヤマト王権以降の政権が恐れていた祟りとは、菅原道真に対してではなく、本来は阿毎多利思比孤に対してだったのではないか。

大宰府政庁跡
大宰府政庁は７世紀後半に、九州の筑前国に設置された地方行政機関とされている。約２㎞四方の坊条制の中にあり、首都機能を充分に備えているように考えられる。本来は、倭の五王の東夷（遠）の朝廷ではなかったのか。

太宰府天満宮
菅原道真を祭神とする、太宰府にある天満宮であり、道真公の墓所でもある。しかし、天満とは天足と同様の意味が込められていて、本来は阿毎多利思比孤を表しているのではないか。

・『古事記』『日本書紀』について

『古事記』は現存する日本最古の歴史書で、天武天皇の命を受け、稗田阿礼《ひえだのあれ》が誦習《しょうしゅう》していたものを、７１２年に太安万侶《おおのやすまろ》によってまとめられたと理解している。稗田阿礼が語った歴史が基になっている。稗田阿礼とはいったい誰なのか、稗田を違う漢字で表すと、日枝《ひえだ》とも書ける。日枝神社《ひえじんじゃ》と日吉神社《ひよしじんじゃ》は同様の神社を表すことから、稗田阿礼は私が今まで述べてきた「日木族」出身だと推察される。

『日本書紀』は720年に舎人親王《とねりしんのう》により作られ、二つの書物は「紀伝体」と「編年体」という違いはあるが、内容に大きな差異は無いようだ。両書とも「日木族」の歴史書と言って良い。邪馬壹国の勢力でいえば、「邪馬」の勢力と考えられる。では、「壹《たい》」の勢力の歴史はどうなったのか。「壹」の勢力こそ、漢委奴國王、卑弥呼、倭の五王、俀國の阿毎多利思比孤であり、日本の歴史から消された勢力であったと思われる。そのため、中国の歴史書にしか残っていないのだ。ただし、『日本書紀』に書かれている「一書」の「一」と邪馬壹国の「壹《いち》」の共通点から、『日本書紀』に「あるふみ」として引用の形で載せられているのではないか。

・古代日本の三勢力

古代の日本には三つの勢力があったと考えられる。一部繰り返しになることはお許しいただきたい。

第一の勢力は日本に古くから居て、縄文の文化と融合した阿曇氏に代表される海人族と言われる人々だ。中国の歴史書『魏略』に「聞其旧語　自謂太白之後」とあるように、呉の文化の影響を受けていることは間違いないようだ。倭人と呼ばれる人々で、『魏志倭人伝』にいう奴國に代表される、彌奴國、華奴蘇奴國、鬼奴國、烏奴國など「奴」の付く国々を形成していたのではないだろうか。委奴國の「委」、奴國の「奴」、倭国や大倭の「倭」、俀國の「俀」、これらの漢字の中に「女」と言う文字を含んでいる。中国は歴代、古代の日本に対して、「女王」の統治を意識した国名を付けている様に感じられる。

第二の勢力は、紀元前三世紀頃に秦の始皇帝の命を受け、徐福に率《ひき》いられ倭国にやって来た、三千人の若い男女や技術者たちだ。卑弥呼の時代、日木族（邪馬）の国々を形成していたと思われる。

この時代には、最新の弥生文化を持つ日木族（邪馬）からは主に男王を、古い縄文の文化を引き継いでいる海人族からは主に女王を出し、邪馬壹国というゆるやかな連合国家を形成していたと考えられる。

次の第三の勢力は、現天皇に繋がるであろうと思われる、ニニギノミコトから始まる勢力だ。『古事記』や『日本書紀』にはニニギノミコトを初代天皇である神武天皇の三代前であると書いている。出自を古く見せるためではないかと思われる。

それでは、この第三の勢力とはどんな勢力であるのか。ニニギという名前は、漢字で「新日木《ににぎ》」と書くこともできる。先の第二の勢力とは同族ではあるが、日本にやって来たのは随分新しく、秦氏などの一族だったのではないだろうか。第50代桓武天皇が延暦13年（７９４年）、京都に平安京を開いた時、都を守るために鬼門と裏鬼門を設けている。鬼門には第二の勢力である日木族の日吉大社を、また、裏鬼門には第三の勢力である石清水八幡宮を設置しており、第一の勢力を外して、日木族で都を守ろうとしたように解釈できる。

桓武天皇即位時の衣装の胸元に、太陽と月の紋がある。太陽には八咫烏《やたがらす》が、月にはヒキガエルが描かれている。ヒキガエルは日木族を、八咫烏は賀茂氏や八幡を象徴していると思われる。元来、第一の勢力（海人族）を象徴するのが太陽であると思われるが、太陽の象徴が第三の勢力に変わったことを宣言しているように感じられる。

記紀に「ヒルコ（蛭子）」の事が記載されている。『古事記』には、伊邪那岐《いざなぎ》・伊邪那美《いざなみ》による国生みの時、最初に生まれた神様であったが、海に流されてしまう。日本書紀には、天照大御神・月読命の後に生まれたとなっている。『古事記』には最初に生まれたが存在を軽視され、日本書紀には三番目に生まれたとある。「ヒルコ」は「日《ひ》る子」（太陽の子）とも解釈でき、蛭子と書いて「エビス（恵比須）」とも呼ばれ、海の神を表すことから、第一の勢力であって、海人族を象徴していると思われる。しかし、記紀ともに、この第一の勢力を消そうとする意図が感じられる。

　桓武天皇の生母は高野新笠（タカノノニイガサ）という名であり、百済武寧王の父とも言われる昆支（コンキ）王の子孫である。このことは、上皇により2001年に「韓国とのゆかりを感じる」と述べられている。笠《かさ》とは、ここに主が居ることを示す標《しるし》と考えられる。新笠とは、権力者である桓武天皇による統治体制に、新しく替わったことを意味していないか。漢委奴國王の印が出土した志賀島にも三笠山があり、倭の五王の都と考えられる大宰府の宝満山は、以前は御笠山と言う名であった。

　古代において、最後の女性天皇である第48代称徳天皇（孝謙天皇重祚《ちょうそ》）の和風諡号《わふうしごう》が高野天皇と言う。称徳天皇は第一の勢力である海人族最後の血統ではないかと考えている。この時に僧侶である道鏡《どうきょう》を皇位に就けさせようとする事件があった。この道鏡事件は、海人族の最後の抵抗であったのかもしれない。桓武天皇の生母の高野という名の意味するところは、「女性天皇の名は残すが……」ではないだろうか。少し強引だが、昆支（コンキ）という文字を分解すると、ヒヒキ（日比支《ひひき》）と呼ぶことができ、日日木（ニニギ）に繋がるのだ。

　ここで明治維新を思い起こしていただきたい。元号の「明治」である。「明」の字は「日」と「月」から成っていて、これを基に国を「治《おさ》」めようとしたのではないか。そこには、桓武天皇にならって、天皇中心の統治体制を確立する意図が込められていたと受け止められる。ただ、明治維新は薩摩藩と長州藩を中心とする勢力で成し遂げられた。私は両藩が邪馬壹国時代の「日」と「月」を象徴していると考えるが、いかがだろうか。邪馬壹国時代、卑弥呼は弟と共に国を治めていた。それは阿毎多利思比孤の兄弟統治まで続いていたと考えられる。

　そして、現代日本でも、国事行為や宮中祭祀などは国の象徴である天皇が、政治（行政）は総理大臣が行っている。形は違っているものの、この考え方は、古代日本の地で国の形が整い始めた時の統治体制を、明治維新、さらには、戦後の改革を経て、脈々と受け継がれているのである。

おわりに

本書を書き終えてみて、徐福も、神武天皇も、邪馬台国も、九州北部を舞台とすることを再認識した。

本当だろうか。

多くの方々が疑問に思われるだろう。

私は色々な言葉や名前から新しい関連性、解釈を見つけ、今までの矛盾を解いたつもりだ。歴史が複層する糟屋に生まれ育った者だから感じた矛盾だったのかもしれない。私が考えた中に、古い名前ではなく、偶然に関連づけられるように思われただけのこともあるかもしれない。

だが、今後、考古学的に新しい発見があった時、私が提起した解釈や世界の中から、関連性や定義づけが証明され、歴史の真実が解明されることだろう。本書はその一里塚になれることを期待している。

最後に、編集にあたって、読者が親しみやすくなるように、適切なアドバイスをいただいた、梓書院の前田司氏、田上賢祐氏のお二人にお礼を申し上げたい。

西村敏昭（にしむら　としあき）略歴
1958年、福岡県生まれ。西南学院大学法学部卒業。自営業。
名前や地名に着目した古代史研究に取り組み、古代史総合雑誌『季刊 邪馬台国 第141号』（2021年12月、梓書院）に「私の邪馬台国論」を投稿。

橿《かし》日《ひ》と神《じん》武《む》と邪《や》馬《ま》壹《たい》国《こく》　《地名・人名から読み解く》

発　行　2023年2月28日
著　者　西村敏昭
発行者　田村志朗
発行所　㈱梓書院
〒812-0044　福岡市博多区千代3-2-1
Tel 092-643-7075
Fax 092-643-7095

印刷・製本　青雲印刷

ISBN978-4-87035-756-3

CONTENTS 目次

推薦のことば　　日本点字図書館会長　田中 徹二

私は、目が見えなくなって70年になる。その間、２年ほど前まで白杖を頼りに一人歩きしていた。交通事故に遭ったり、電車ホームから線路に転落したりしながら、単独歩行を続けてきた。通勤できなければ、生活ができなかったからだ。

それが２年前から一人で外出することができなくなった。軽い脳梗塞にかかってしまったのだ。一人で外を歩こうとすると、精神的にも物理的にも多大な負担がかかる。どこへ行くにも妻の腕につかまって出かけるようになった。しかし、妻にも自分の生活がある。私の行きたい所すべてに付き添うことはできない。日本点字図書館の理事長職は退き、仕事はごく軽いものになったものの、週４日は顔を出す。その送り迎えだけで妻の役割は終りだ。残りはどうするか、大きな課題だった。

それを解決してくれたのが、同行援護だ。2011年にできあがった制度である。数10年来の友人で、本書の著者である山口和彦さんが、同行援護事業所の責任者を務めている。早速、利用者として登録し、それから毎月利用している。私の利用時間は月に30時間以内なのだが、毎月20数時間にもなる。私が住んでいる東京都新宿区では、利用費の自己負担はわずか３％。私が払っている利用料はごくわずかだ。それで行きたい所どこにでも安全に連れていってもらえる。毎週１回、５時間以上かけて盲人仲間と囲碁を打っているが、そこにも同行してもらっている。ほかにも、いろいろな会議の出席などがあり、行動の大きな支えとなっている。もはや同行援護のサービスなしに私の日常生活は考えられない。

最近、科学技術の発達によって、視覚障害者の歩行に関する支援に大きな関心がもたれるようになった。ICTを活用した技術を駆使してさまざまなアイディアが登場している。中にはその技術を販売していこうと企業化したものさえ出ている。しかし、いくらICTが進歩しようとも、人間が援助する段階まではとても及ばない。どんなにICTががんばっても、危険の回避など、とても人間には及ばない。国の科学未来館ではスーツケースにさまざまなICTを組み込んで視覚障害者を誘導しようとしているが、ごく限られた場所を誘導するだけに留まっている。街の中を自由に歩くなど夢のまた夢である。これ以外にもたくさんの人がアイディアを出し実験を重ねている。多くの視覚障害者がそれらに期待してコンタクトしている。

しかし、私にとってそれらの研究から益を得ることはまったくない。同行援護の制度があれば充分だ。それほど満足しているといってよい。

ただし、同行援護について注意しなければならないのは、ガイドヘルパーとの人間関係である。相手が機械ではなく人間だからだ。援護者と親しくなりすぎたり、違和感をもったりすると、弊害が生じる。そうなってしまうと、事業所も含めて、解決するのが難しくなる。今後、ますます多くの視覚障害者がこの制度を利用していくにあたって、まずは当事者が本書をよく読んで、この制度を理解しておく必要がある。もちろん事業所の職員も、またガイドヘルパー自身もしかり。視覚障害者にとって、ガイドヘルパーと共に行く会合、買い物、食事などを通して、配慮しなければならないことはたくさんある。生活が豊かになるために、制度をスムーズに活用していくために、この本が大きな手がかりになることはいうまでもない。同行援護の制度は、日本ならではの知恵と経験によるものだ。視覚障害者の行動を広げ、守ってくれる大変ありがたいものである。万民に理解を広めてほしいと心から願っている。

まえがき

山口 和彦

◇◇

私が目が見えていた時は、いつでも、どこへでも自由に出歩けた。自由に歩ける、そんな当たり前のことが、視覚障害になり外出が思うようにできなくなった。外出が自由にできないことは、身体的に運動不足になるばかりでなく、精神的に大きなストレスを生むことになる。

視覚障害者は、通常、日常生活において会議や研修会、コンサート、演劇、映画鑑賞、趣味のサークル、地域で開くイベント、日常の買物、通院など実にいろいろな形でガイドヘルパーと共に出かけることが多い。また、外出先で、配布資料の音読、必要な書類の書き込みなども必要だ。ヘルパーの仕事は、実に多種多様である。

現在、全国で視覚障害者は、約 32 万人と推定されている。その 7 割が 65 才以上の高齢者で、高齢で視覚障害を抱えて単独で外出するにはかなりの危険が伴う。こうした状況の下で視覚障害者の外出を支援するためにガイドヘルパーが必要になる。

2011年(平成23年)に視覚障害者の外出を支援する目的で同行援護制度ができた。しかし、現在でも、事業所やガイドヘルパーの不足により、このサービスが十分活かされていない。

厚労省の2018年(平成30年)の調査によると、同行援護のサービスを利用している視覚障害の利用者数は、全国で約29,000人で、視覚障害者の全体の1割にも満たない。この本のなかで、同行援護制度を活用して実際にガイドをした実例をもとにまとめてみた。(文中の名前は仮名にした。)

まずは、この同行援護制度をより広く知ってもらうことが肝要であるが、ガイドヘルパーの方々を含め、一般に街中で視覚障害者を見かけても、どのように手助けをしたらよいのか、わからないという声が多いなかで、多くの人達に視覚障害者の実情を理解してもらえれば幸いである。障害者、高齢者、健常者が共に暮らすことができる共生社会の実現に向けて、この本が少しでも視覚障害者の理解に結びつくことを念じている。

CHAPTER 1

第1章

利用者の外出の自由を保障する

視覚障害者の日常生活における大きな困難は、「移動」と「文字の読み書き」と言われている。これらの２つの問題を、部分的にであれ解決し得る制度として、「同行援護」が当事者団体・個人・関係者による粘り強い努力の結果、成立した。従って、当事者自身が正しく理解し、活用し、そして同行援護従事者（ガイドヘルパー）と共に、より使いやすい制度にしていかなくてはならない。

この制度が実施されてから 10 年が経過したが、まだまだ不十分で、例えば居住する地域に事業所がないなど、せっかくの制度が活用されていない現状があるのも事実である。

まず初めに、同行援護制度の成り立ち、理念から実際の運用まで説明したい。

同行援護は基本的人権の保障に関わる

視覚障害者に対する移動支援は、移動の自由、つまり私たちの基本的人権に関わる事柄である。人間は誰でも、自らが希望する時に、希望する場所へ出かける自由を持っている。だが、残念ながら、長い間、私たち視覚障害者の移動の自由は、かなり制限されてきた。

なにを今さら、と思われる読者もいるかもしれないが、同行援護の活用について考えるにあたり、この理念を確認しておくことは非常に重要であると、私は考えている。

なぜなら、「同行援護」という福祉制度によって、視覚障害者の自由な外出が可能になる、その根拠となるのが、我われの基本的人権だからだ。

措置制度から支援費制度へ

この制度が発足し、現在のような形になった背景には、障害福祉についてのパラダイムの転換があると言える。キーワードは、「支援費制度」である。

これは、「措置制度」と対比される制度であり、そこからの脱却という意味で、非常に大きな進歩と言える。「措置制度」とは、社会福祉史を学んだことのある方ならご存じだと思うが、「福祉サービスの提供は、行政の判断で決める」という考え方だが、福祉を受ける側の選択の自由が制限されているという側面があり、今日では否定的に捉えられている。

戦後、1949 年 (昭和 24 年) に身体障害者福祉法の成立を見たものの、職業的な更生が主な目的であり、措置的な福祉サービスの提供が主体だった。福祉施設が未整備だったこともあり、障害者を収容して保護するという名目の下、社会福祉施設に入所させることもしばしば行われた。近年、取りざたされている旧優生保護法下の断種なども、上記のような思想によると言える。

この措置制度の下では、障害者が施設や事業者を自らの意思によって自由に選べないことや、サービスの利用者と提供者の直接的な契約でないため、サービスを受ける利用者にも「措置されたという受け身的な意識」が生じやすく、利用者としての主体的な意識が働きにくいことがあった。また、利用者の自己決定という面が弱いために、利用者本位のサービス提供ではなく、サービス提供者の考えや思い込みで一方的にサービスが提供され、当事者の意志が重視されないことが問題になった。

同行援護以前に運用されていた「盲人ガイドヘルパー事業」では、行き先も目的も、決めるのは行政であり、当事者ではなかった。まさに、「措置」という考えに基づいていたと見ることができる。

大きな転換点のひとつとして、1981 年の国際障害者年を挙げることができる。「障害者の社会への完全参加と平等」がうたわれ、その後、ノーマライゼーションや障害者の自立、社会参加といった概念が広く国民に浸透していった。地方自治体は福祉サービスの利用者と提供者を結びつけるコーディネーターとしての役割を期待されるようになる。

そして、2003（平成 15）年度より導入されたのが「支援費制度」である。この制度により、福祉サービスの利用者は、自らの意思によって自由にサービスを選ぶことができるようになり、利用者が提供者と対等の立場に立って、契約に基づいてサービスを受けられるようになった。つまり、福祉サービスを自由に選択し、自らの意思で決定できるようになる、画期的な改革であった。

ところで、「支援費制度」と同様の言葉として、「利用契約制度」がある。当事者と事業者が「契約」を結ぶ、つまり対等の関係にあるのだ。ただし、福祉という事業の性質上、公的支援が入り、当事者の支払い能力に応じて費用を負担（応能負担）するため、「支援費制度」と呼ばれている。

同行援護の成立

だが、ひとつ別の問題があった。福祉サービスを受けたいと思う利用者は、居住する市町村に対して支援費の支給申請を行うことになった。その申請に基づき、行政は福祉サービスの利用料を支援する。この支援費制度は財政的に大きく負担が膨らみ、市町村の財源の確保が難しくなった。

この増大する福祉サービスの費用を社会全体で負担し、支えあう仕組みとして、障害者自立支援法が2006(平成18)年度から施行されることになった。

この障害者自立支援法に基づく「自立支援給付」(障害者自身がサービスを選択し、契約を交わして利用する仕組み)の内容は、①介護給付費(ホームヘルプ、ショートステイ、入所施設、ケアホーム等)、②訓練等給付費(自立訓練、就労移行支援、就労継続支援、グループホーム等)、③自立支援医療費、④補装具に整理され、加えて「地域生活支援事業」も創設された。これは、地域の特性や障害者の状況に応じて、福祉サービスが柔軟に、地域主体で実施されるのが好ましいという考えだ。

この地域生活支援事業として、相談支援・移動支援・日常生活用具・手話通訳等の派遣・各種地域活動支援等が実施された。自立支援法の地域生活支援事業の一事業である「移動支援事業」として実施されていた、視覚障害者の外出を保障するガイドヘルパー事業は、市町村に事業が委ねられていたことで、地域間格差が一気に拡大。利用者負担が大きい、代筆・代読が認められないといった課題も関係団体などから指摘された。

それらを受け、2011(平成23)年10月、障害者自立支援法の改正により、移動支援事業の中で、重度視覚障害者に対する個別支援が「同行援護」として創設され、自立支援給付に位置づけられた。

そして、2012(平成24)年には「障害者総合支援法」と法律の名称も改まり、第5条の4に同行援護とは「視覚障害により、移動に著しい困難を有する障害者等につき、外出時において、当該障害者等に同行し、移動に必要な情報を提供するとともに、移動の援護その他の厚生労働省令で定める便宜を供与することをいう」と定められている。この「厚生労働省令」とは、障害者の日常生活及び社会生活を総合的に支援するための法律に基づく指定障害福祉サービスの事業等の人員、設備及び運営に関する基準（平成 18 年 9 月 29 日　厚生労働省令第 171 号）を指している。

当事者の主体的な意志

私たちの日常生活に欠かせないものとなりつつある「同行援護」だが、成立までには以上のような経緯と背景がある。

この制度の重要な要素として支援費制度を挙げたが、それは利用者本位のサービスを障害者が自己決定するという「当事者の主体的な意志」があることを強調しておきたい。

もちろん、行政や事業者の理解が必要なのは言うまでもないが、この制度を使うのも使わないのも、よくするのもしないのも、当事者自身である。

私たちは、このような「同行援護」の理念と歴史を把握した上で、それをどのように活用していくかを考えていきたい。

CHAPTER 2

第２章

同行援護の利用申し込みをする

基本的人権に基づく障害者の自立・社会参加を促進する目的で作られた同行援護制度であるため、同行援護のサービスを希望する利用者は、自分の日常生活のなかで、外出支援がどの程度必要なのかを役所の窓口に説明し、外出にあたって支援に必要な支給時間を相談することになる。一般的に支給時間数は、概ね月 50 時間を目途に支給されることが多いが、利用者の生活により必要な外出時間は異なってくる。

サービスの利用計画

同行援護の外出支援は、あくまでも事前の利用計画に沿って実施される。サービスの利用計画の作成にあたっては、利用者自身が作成するセルフプランと、相談支援専門員が利用者と面談し月単位で必要な外出支援時間を積算し利用者の役所の窓口に提出する方法の 2 種類がある。同行援護制度の発足当初は、相談支援専門員が少なく、自治体の窓口で利用者のニーズを聞いて窓口の人が利用計画書を作成していた。しかし、利用者のセルフプランだと利用者の要求ばかりに偏りがちで客観性に欠ける傾向があった。そこで最近は、専門的な知識、経験を有した相談支援専門員が利用者と面談し、外出計画を立て、行政との間に立って調整する方向になってきている。

相談業務の目的は、障害のある利用者の日常生活の質 (QOL) を高めることにあり、その相談内容は実に幅広い。多くの視覚障害者は、人生中途で視覚を失い、しかも高齢化が進んでいる。若年層の視覚障害者からの相談が少なく、教育相談よりも就労、生活訓練、健康、趣味、生き甲斐など、相談内容は日常生活全般にわたっている。

では相談内容について、一例を挙げてみよう。

休職中の次郎さん

次郎さん (56 才、男性) は、網膜色素変性症で数年前から日常生活に不便を感じるようになった。とくに、2 年ほど前から視力低下がひどくなり、通勤も難しくなった。職場は都内の銀行で、大学を出てから長年勤めてきた。人事部のほうでも通勤が無理なら在宅勤務も考えてもよいと理解を示している。本人は画面が読めなくなるような状態で仕事が続けられるか、日々不安が増している。不眠が続き、精神科も受診するようになった。現在は休職中である。本人の悩みを聞くなかで、視覚障害者に対する福祉サービスを説明し、取りあえず日常生活訓練を受けて自立を目指すように話す。

また外出は、視力が低下してからほとんど妻に依存し、妻も心身共に疲れている。そこで、妻の負担を軽減するために、同行援護の制度を活用することを勧める。現在は、東京視覚障害者生活支援センターで日常生活訓練を受けると共に、同行援護の制度を使ってガイドヘルパーと外出するようになった。本人は前向きに訓練に取り組み、夜も眠れるようになり、妻の表情も明るくなった。

生きがいを求める芙美子さん

芙美子さん (83 才、女性) は、緑内障と加齢により視力が低下し外出が不安になってきた。自宅内の掃除、洗濯、調理などの家事は、視力が低下しても長年の経験で、なんとか自分でできるという。外出は、近所の店で買い物だけをしているが、白杖は使いたくないという。近くに住む次女 (53 才) が母親が外出しているのを見て不安になり、相談支援事業所に連絡した。

本人は、外出を含め、なんとか生活はできると強気の姿勢は崩さないが、好きな本を読めなくなってきたと悩みを打ち明けた。この悩みの解決に日本点字図書館を紹介した。いまは図書館からデイジー図書を借り、週刊誌や随筆、小説、料理レシピなども音声で聞けると大変喜んでいる。音声で体重や血圧などを測り健康管理をしながら日常生活を楽しめるようになった。

このように、視覚障害になって間もない人達は、視覚障害に関連した情報が少ないことは当然だが、市町村（特別区を含む・以下同）の窓口の職員は本人からの話を十分にくみ取ることが時間的にも難しく、視覚障害についての知識も十分でないと推測する。この面で経験豊富な相談支援専門員を活用することが有益である。

しかしながら一般に相談支援専門員は、知的、精神、肢体に関連した障害分野に精通している人が多いが、視覚障害について豊富な知識、経験のある人は少ないのが現状だ。今後は視覚障害当事者が相談員として活躍するのが望ましい。そのためには、各市町村が障害当事者に委嘱している「相談員制度」をより充実させることも考えられるかもしれない。

障害程度区分の認定と支給決定

障害者に対する支援サービスの提供にあたって、個々のニーズを考えるとき、身体介護の有無を判定基準にすることは当然のことである。しかしながら、車いす使用者などとは違い、視覚障害者のほとんどは、「身体介護」を必要としていない。障害種別により支援内容が異なるからだ。視覚障害者の場合、「情報の欠如」によって生じる日常生活の不便さが問題なのである。換言すれば、身体介護の有無を問題視するのではなく、情報の提供が最大の課題である。この面で、同行援護の制度のなかに、「移動と読み書きサービス」

の提供が明記されたのは画期的なことである。従って、視覚障害者の判定基準に「身体介護の有無」を削除したのは、賢明な改正といえる。

では、視覚障害者の支援区分についての判定はどのように変わったのだろうか。

利用者からの申請があったとき、新たに設けられた「市町村での審査会」が開かれ、申請者の障害程度区分の認定と支給決定が行われる。つまり、個人の障害程度に応じて障害程度区分（6 段階）の認定が行われ、この判定に基づき、支援サービスの内容や支給時間が決定される。

適切な支給決定がなされるためには、相談支援専門員がしっかり本人と話し合い、本人のニーズを支給時間に反映させなければならない。具体的には、利用者に「受給者証の交付」という形で決定通知がなされる。受給者証の有効期間は一年間であるが、利用者の生活環境は、その期間中でも、体調の変化や、職場、家族、その他の要因により変化する。そのために、相談支援専門員は、3 カ月、6 カ月といったように必要に応じて本人に連絡し最新の生活状況を把握する。また、最近では利用者の高齢化･重度化に伴い、支援サービスの見直しが必要になり、ケアマネージャーと障害分野に詳しい計画相談支援員の連携が必要になり、看護士、ケアマネージャー、相談支援専門員、ヘルパー派遣の事業所などから関係者が集まりカンフェランスを開くこともある。

同行援護制度は国の施策であり、本来、どこの市町村でも同じサービスが受けられるはずであるが、実際は、自治体の財政基盤やヘルパー派遣の事業所の脆弱さなどにより自治体間でサービス提供状の格差が大きくなっている。とくに、都市部と地方との格差が大きく、せっかくの同行援護の制度も地方に居住する視覚障害者には利用しにくい制度になっている。

一方、同行援護制度では利用しにくい通勤・通学、読み書きサービスを提を柔軟に行っている自治体もある。利用者が居住する市区町村の障害福祉課などに直接相談してみると良い。

サービス量と利用者負担

利用者負担は、支援されたサービス量の定率 10％負担が原則である。但し所得に応じた月額上限が設けてある。現実には非課税世帯の視覚障害者も多く、負担額なしということも珍しくない。ガイドヘルパーに支払われる賃金は、国の税金から支払われる。また受給者証に記載された時間を超えると、その超えた時間数のガイド料金は利用者の自己負担になる。利用者、ガイドヘルパーもこの点を十分認識した上で、有効に支給時間を使うことが求められる。

CHAPTER 3

第3章

事業所を選ぶ

同行援護サービスを受けたいと思う利用者は、まず初めに居住する市町村に支給申請を行う。支給にあたって、市町村の窓口では利用者がどの程度同行援護を必要とするか、相談支援専門員からの聞き取り調査、あるいは本人の申し出によるセルフプランの計画に基づき、支給量（支給時間数）が決められる。利用者に対して受給者証が交付されると共に、申請者の居住する地域で同行援護のサービスを提供している事業所の一覧表が渡される。

この事業所の一覧表には、視覚障害を含め、知的、精神、肢体、聴覚、高齢者に対する各種の福祉サービスを提供している事業所がリストアップされている。それぞれの事業所は、その得意な分野でサービスを提供している。一般に事業所は知的、精神、肢体の障害のある利用者を対象にしていることが多く、視覚障害者を対象にした同行援護サービスを主にしているところは少ない。

では、視覚障害者にとって実際にどのような事業所が使いやすいかを見極めるには次のようなチェックポイントが参考になると思われる。

よい事業所とは

実際に同行援護のサービスを提供するのは、同行援護従事者（いわゆるガイドヘルパー）である。同行援護の養成研修を終了し、資格を有したガイドヘルパーは、全国どこの事業所でも登録して働くことができる。通常、ガイドヘルパーは自分の居住する近くの事業所、あるいは移動の便のよい事業所を選んで登録することが多い。利用者にしても、自分の居住する近くの事業所からガイドヘルパーを派遣してもらったほうが時間的にも経費的にも都合がよい。

事業所に同行援護の依頼をしても、ガイドヘルパーがいなければ実際に外出ができない。つまり、同行援護が使えない訳である。そこで、十分なガイドヘルパーを確保しているかどうかは事業所を選ぶ上で基本的なポイントになる。

また、視覚障害の利用者がどれほど登録しているかを尋ねることにより、その事業所がどのようなサービスを行っているのかが推測できる。

登録時間数の確認

利用者にとって常に注意をしなければならないのは、支給時間数である。月に何件もガイドヘルパーの派遣を事業所に依頼すると、本人が知らない間に支給時間数を超えてしまうことがある。超過した時間は原則、自己負担になるので、請求されてからびっくりする利用者もいる。費用負担の支払いについては、視覚障害の利用者は、振り込みも大変なので口座から自動引き落としの契約をしている場合が多い。たまたま利用者が支給時間を超えて同行援護を使ってしまい数万円という金額を引き落とされた例がある。後日、利用者が事業所からの墨字の領収書をヘルパーに読んでもらって、その事実を知ったが、すでに支払い済みであったため、あとの祭りになってしまった。結局、その利用者は、その事業所との契約を解除した。

「◎◎さん、事業所に届けられている時間を見ると、あと2時間しか残っていませんよ。ご注意下さい」と、利用者から依頼を受けたとき、事業所に登録された時間数のうち残余時間数を親切にアドバイスしているところもある。また、注意をしなければならないのは、実際のガイドをした時間と算定時間に違いがあることだ。例えば、ガイド時間が10時30分から11時35分だったとする。利用者は、登録時間のうちで、1時間使ったと思うかもしれない。しかし、同行援護の算定時間は30分単位で計算されるので、利用者の使用時間は1.5時間となる。ガイド終了時に、ガイドヘルパーは実績記録表にガイド時間と利用者の印鑑をもらうことになっているので、利用者はガイド時間をしっかり確認する必要がある。

請求書、領収書の発行

利用者には、所得に応じて利用者負担がある。原則は定率10％負担であるが、所得に応じて月額に上限が設けられている（受給者証に明記されているので、自分の支給時間数と共に負担額を確認することが必要）。

事業所は、毎月、利用者に墨字の請求書、領収書を郵送していると思われる。利用者の情報取得のアクセス方法はさまざまである。例えば、点字、拡大文字、データによる音声読み上げなどがある。利用者の必要に応じて多様な媒体で月別の請求書、領収書が送られるのが望ましい。こうしたきめ細かな対応をしている事業所は、利用者のニーズに合わせて実際のガイドの派遣においても対応してもらえるのではないかと思われるので、事業所を選ぶときの参考になるだろう。

ガイドヘルパーの内諾

利用者にとって、安心して楽しくガイドをしてもらえるのが基本である。そのためには、気心の知れたガイドヘルパーを派遣してもらえるのが一番である。常に新しいガイドヘルパーだと、お互いに緊張してしまい、「安心して楽しく外出」という観点からずれてしまうこともある。事業所によっては、ガイドヘルパーの指名を受け入れずにガイドヘルパーのリストのなかから順番にガイドヘルパーを派遣しているところもある。

確かに、いつも同じガイドヘルパーで、あまり慣れあってしまうと、利用者、ガイドヘルパー共に、我儘な点が出てしまい、せっかく築いた人間関係を壊してしまう危険がある。また、利用者とガイドヘルパーが癒着してしまい、その結果、不正な請求につながる恐れもある。同行援護制度を含め、福祉サービスは、利用者、ガイドヘルパー、事業所共に、お互いの信頼関係の上に成り立っている。この点で、利用者は気の合ったガイドヘルパーを 3、4 人ぐらい作っておくと便利だと思われる。

スキルアップ研修

ガイドヘルパーとして長く業務に携わり、特定の利用者のみに限って仕事をしていると、どうしても自己流のガイド法になってしまいがちである。基本的なガイド、例えば、電車やエスカレーターなどの乗降にあたっては、自己流のガイドだと危険を伴うことがある。あくまでも利用者の安全・安心を心得ておかないと、ちょっとした気持ちの油断が事故につながる場合がある。そこで、定期的に事業所がガイドヘルパーに対して、現認者研修を行っているかどうかが事業所の選定のチェックポイントになる。

また、白杖を使いたがらない利用者に対して、どのような対応をしているのか、あくまでも安全というところに基本を置いているかどうかが判断材料になる。盲導犬使用者も同行援護を利用することがあるが、こうした利用者に適正なヘルパーの派遣ができるかも事業所の力量にかかっている。

また、事業所が同行援護従事者養成研修を定期的に実施し、常にガイドヘルパーを養成しようとする計画があるかどうかにもその事業所の姿勢が見られる。どの事業所も同行援護従事者養成研修ができるわけではないが、常にガイドヘルパーを研修してもらうという姿勢がほしいものである。

緊急時の対応

日常生活のなかで、同行援護を使って外出したいということは多くある。とくに病気で緊急に病院にかからなくてはいけなくなったり、身近な人達の通夜や葬儀など参列しなければならなくなったりする場合がある。本来ならば一週間や 10 日の期間をおいて依頼を受けている事業所も、こうした緊急な場合にも備えてほしいものである。

基本的に、ガイドヘルパーを派遣することはどの事業所でも同じだが、よい事業所とは、利用者の立場に立って、経験豊富なガイドヘルパーを派遣できるところである。

最初に説明したように、利用者が事業所を選択し、自分の使いやすい事業所と契約ができる「選択と自己決定権」が利用者にあることを忘れてはならない。

CHAPTER 4

第4章

食事をする

外出時間が 4､5 時間と長くなると､のどが渇いてお茶を飲みたくなったり、昼食時間になったりする。視覚障害者にとって食事は楽しみのひとつだ。食事をする際、どのような配慮が必要だろうか？

喉の渇きは危険信号

5 月末、大田区に住む山本さん (67 才、全盲) は、久しぶりに晴れ上がった天気のなか、ガイドと代々木公園に出かけた。ランニングや散歩を楽しんでいる視覚障害者の仲間に誘われてのことだった。5 月末といっても日差しは強く、気持ちよく歩いていた山本さん。が、公園内を 2 周 (約 3km) 歩き終えると、無口になり、足元がふらついてきた。身体の変調に気づいたガイドの淑子さんが、山本さんに、「ちょっと休みましょう」と声をかけたが返事がなかった。取りあえず、淑子さんが、近くのベンチまで山本さんを引きずるようにしてベンチに座らせて顔を見た。山本さんの顔は汗でびっしょり濡れていた。

山本さんは、糖尿病性網膜症で失明し、週 3 回透析を受けていると事業所から聞いていた。淑子さんは自分の持っていたスポーツドリンクを山本さんに渡し、それを飲んでもらった。山本さんの顔の汗を水で濡らしてふき取った。しばらくして、山本さんは元気を取り戻したので、淑子さんは山本さんを自宅に送り届けた。

利用者のなかには、視覚障害だけでなく、糖尿病や内部疾患を抱えている人も少なくない。こうした利用者には、ガイド前に外出先、目的などを細かく聞いておくことが必要だ。例えば、散歩といわれて、なにも持たずに出かけてしまうのは危険だ。日常あまり外出していない利用者は、自分の体力を過信したり、体温調整がうまくいかないこともある。利用者の状況を考慮した上で、服装、帽子、補水液、ゼリーとか飴など持参品を確認するとよい。とくに、5 月、6 月は紫外線が強く、想像以上に疲労しやすいので十分気をつけたい。

バイキング料理

ホテルで宿泊すると、朝食は多くの場合、バイキング形式で自分で料理を運んで食事をしなければならない。

日本盲人会連合の大会に参加したまゆみさん (53 才、全盲) は、ガイドの久美子さんと共に、朝食をとるために階下の指定されたレストランに行った。会場をオープンして間もないのに、すでに行列ができていた。入り口で朝食券を渡し、まゆみさんはトレイを受け取った。

まゆみさんは、右手で久美子さんの腕を掴み、左手にトレイを持って前に進んだ。ガイドの久美子さんは、歩きながら料理の説明をする。洋食と和食があったが、まゆみさんは和食を選んだ。ガイドの久美子さんは、まゆみさんの食べたいもの、煮つけ、卵焼き、干物、つけものなど次々にトレイに載せた。まゆみさんは、久美子さんの説明を聞きながら、小皿が増え、トレイが段々重くなっていくのを感じていた。やっとの思いで、トレイにおかずを載せ、左手でトレイを持ちながら空いた席を探していた。突然、前を歩いている人の背中にぶつかり、煮物がはいった小皿がトレイから落ちた。幸いにして、ぶつかった人の洋服を汚すようなことはなかったが、このことで、まゆみさんは精神的に疲れてしまい、食欲がなくなってしまった。

実際にバイキングのレストランなどで、片手でガイドの肘をつかみ、もう片方の手でトレイを持って、料理を載せながら移動するのは大変気を使うものだ。バイキングのときは、まずトレイに料理を載せずに、ガイドの説明を聞いて空いている席につく。そして、先ほどのガイドの説明を思い起こしながらガイドにトレイを渡して、自分の食べたいものを運んでもらうとよい。食べてみて足りなくても、またガイドに依頼して持ってきてもらえるので、最初から食べきれないほどの料理をトレイに載せることはない。ゆっくりと時間をかけて、まわりの人と話をしながら食事を楽しんでもらいたいものだ。

立食パーティーなども飲み物と食べ物を一度に持ってこられてもテーブルなどがない場合は飲み物と皿を置くのに困ることがある。とくに、紙の皿はバランスが悪い。立食パーティーのときは、なるべく壁に近いところのテーブルを探してもらい、食事をしたい。出席者に挨拶するようなときは、飲み物のコップの中身を半分程度にしてから出席者の間を移動したほうがよい。予め参加者名簿があれば、ガイドに読んでもらい、挨拶をしたい人を探してもらう。立食パーティーの場合は、食事をすることより参加者と挨拶したり、意見交換したりするのが目的だからだ。

食物アレルギー

朋子さん (28 才、弱視) は、甲殻類のアレルギーを持っているので、寿司やタイ料理などは苦手だった。そこで、友人を誘って横浜の中華街に行き、中華料理を楽しもうということになった。友人達は、せっかく中華街にきたので、チャイナドレスに着替えて上海ガニを食べたいという。朋子さんは、とくにエビが食べられないというので、メニューの 50 品を超えるなかからエビ料理を除いたものを注文した。

朋子さんは、友人が注文した上海ガニを煮込んだ料理のスープを一口味見する程度なら大丈夫かもと話し、味わってみた。驚いたことに、間もなく反応が出て、皮膚の表面がかゆくなったという。食物アレルギーは甲殻類に限らず、そば、卵、その他いろいろとあるので、料理を注文する前に、ガイドは利用者に食物アレルギーがあるかどうか確認したほうがよい。

お付き合い

うなぎの好きな正和さん (71 才、全盲) は、ガイドの文江さんに「土用の丑の日が近いから夏ばて防止にうなぎを食べたい。ご馳走するから心配しないで」と言って誘った。

ガイドの文江さんは、うなぎは嫌いではないが、自分から進んで食べたいとは思っていない。正和さんが「うなぎ好き」ということは知っていたし、正和さんひとりではうなぎ屋にははいれないだろうと思い、一緒にお付き合いした。うなぎ屋にはいってメニューを見た文江さんは、うなぎ以外を探してみたが適当なものがない。仕方なく、文江さんは、「うな丼」を注文したが、なにか気が重かった。

事業所から、昼食などは利用者もガイドも、それぞれ自分の食べたものを支払うと聞いている。できるだけ利用者の要望を聞いて一緒に食事をするのはよいとしても、あまり気の進まないような場合はどうしたらよいのか、文江さんは悩んでしまった。店にはいって注文をしないでいるのも気が引ける。文江さんは、実際自分の作ったお弁当のほうがおいしく食べられると思った。

食事を選ぶ場合、ガイドも利用者とよく話し合って、お互いに無理のないようにしたいものだ。まずは、食事の場所を決めるときに、例えば、メニューが多く値段も手頃なファミリーレストランなどの適当な店を選ぶことが望ましいだろう。

イベントなどの会費

障害者団体に加入していると、いろいろな祝賀会や年末年始の会合がある。こうしたケースでは、食事を伴うときの会費は、ひとり 5,000 円以上することが多い。コンサートのチケットと同様に、ガイド分は、利用者負担という事業所が多いようだが、ガイドも同じものを食べたり飲んだりするので、会費の一部負担をガイドにお願いしているところもある。

黒田さん (54 才、弱視) は、所属する視覚障害者団体の会長が国から褒章を受け、その祝賀会に参加した。受付で黒田さんは参加費 7,000 円を支払ったが、受付から、「ガイドさんもお願いします」と言われた。傍についていたガイドの雅子さんは、この参加費のことは聞いていなかったので、「えっ ?」と思ったが、受付で黒田さんと話してもよくないと思い、そのまま参加費を支払った。雅子さんも参加費について、事前に確認しておけばよかったと反省してみたが、なにか割り切れない気持ちが残った。

祝賀会とかイベントへの参加は、通常の昼食代とは違い、かなり高額になることが多い。お互いに気持ちよく同行援護を続けていくために、金銭の関係は利用者とガイドとの間でよく了解を得ておくことが大切だ。また、ガイドを引き受ける場合、参加費について事前に事業所に確認をとることも必要である。

CHAPTER 5

第５章

買い物のときに

日常生活のなかで食品、衣類、洗剤、その他、買い物は欠かせないものだ。外出のガイドは勿論、商品の選定などにあたってガイドヘルパーの商品説明が重要になる。

食品の選定

品川区に住む明美さん (52 才、全盲) は、毎朝自分で作ったヨーグルトを食べるのを習慣にしている。好きなヨーグルトを作るために牛乳の購入は明美さんの買い物には欠かせない。スーパーマーケットの店頭には沢山の牛乳が並んでいる。健康管理に気をつけている明美さんは、低脂肪牛乳を材料に好きな種菌でヨーグルトを作る。

ある日、明美さんをガイドした和江さんは、明美さんの希望する食材を買いに指定されたスーパーへ行った。明美さんにいわれる通り、次々と食材を買い物カゴに入れていった。この日は夕方になり、タイムセールが始まり牛乳が安くなった。ガイドの和江さんは、「ラッキーね、牛乳が15% 引きだって!」と、明美さんに話して、牛乳を買い物カゴに入れた。

自宅に帰って、明美さんは牛乳を冷蔵庫に入れるとき、いつもの牛乳のパックとは違うことに気づいた。「そうか、値下げされた牛乳は、いつも私の愛用しているものと違った!」。それから、明美さんは、その牛乳パックを手にとる度に苦い体験を思い出すという。

利用者は、ガイドに自分の希望を具体的に伝えるのが大切。ガイドは、多くの情報のなかでガイドの価値判断を入れずに正確な情報を伝え、利用者の選択を待つことが大事だ。同行援護のガイドは利用者の居宅に入れないので、買ってきた食材を整理して冷蔵庫に収納することができない。家のなかでの家事援助については、ホームヘルプサービスを提供する資格を有するヘルパーが行う。同行援護のガイドが居宅介護のホームヘルパーの資格を保有していれば、買い物の後、家事援助で、同じ人が同行援護と家事援助とを引き続きできる。この場合、居宅介護のサービスを提供している事業所と契約を結ぶ必要がある。

とくに、単身で高齢の視覚障害者には、こうした継続されたサービスの提供は有り難い。

衣料品を買う

24 才で結婚し、3 人の子供にも恵まれた栄子さんは、同窓会の知らせを受けた。40 才を過ぎて視覚障害になり、主婦業に専念し、子供も独立して平穏な日々を過ごしていた栄子さんは、毎年同窓会の知らせを受けていたが、いつも自分とは関係ないと知らせを捨てていた。視覚障害になってからは、親しい数人の友人を除き、クラスの仲間には会っていなかった。というよりも、視覚障害になった自分を他人に知らせたくない、正直、仲間に会いたくないという気持ちが強かった。

親しい友人から同窓会の件で電話があった。「大学を卒業して、もう50年になるのね。ちょっと出てみない？」との親友の話。

思い悩んでいた栄子さんは、背中を押され思い切って出席することに決めた。せっかくの機会なのでドレスを新調することに決め、買い物にガイドの派遣を事業所に依頼した。紹介されたガイドと数軒のブティックに同行してもらった末、ガイドの薦めもあり、春らしい明るいドレスを購入した。

当日、駅で待ち合わせた親友に、栄子さんは、新調したドレスのことが気になり聞いて見た。

「どう、この服装でいい？」

「ちょっと派手目だけど、いいんじゃない。バッグが合わないかもね」

栄子さんは、友人の 「派手目・・・」という言葉に引っかかった。洋服を買うとき、ガイドの邦子さんが、「年をとると、できるだけ明るい服装で、少し派手目のほうがいいわよ」と繰り返していた。

全盲の栄子さんは、ドレスを手に触ってみるものの、色やデザインのことはよく分からない。そこで、ガイドの説明を聞きながら、結局、ガイドの薦めるものに決めた。

洋服などを選ぶ際は、ガイドの説明は必要だが、似合うかどうか、人それぞれの主観的な判断がはいる。基本的には売り場の店員を呼び、その店員に説明してもらうことがよい。上手に買い物ができたときは、ガイドもほっとするが、ドレスの選択にあたり、ガイドが決めたといったような誤解を生むことは避けたい。とくに、ドレスなど購入する場合、そのドレスを着ていくイベントなどの目的・TPOを含めて店員に相談するのがよいだろう。また、ドレスに合わせて、バッグや靴なども紹介してもらいたいのであれば、デパートに、コーディネートを含め買い物の相談窓口があるので、これを利用するのが便利である。

電化製品を選ぶ

単身で暮らす 73 才の全盲の男性、正和さんは、自分で米をとぎ、朝できたご飯に生卵をかけて食べるのが大好きだ。古くなった炊飯器を買い替えようと量販店にガイドと出かけた。店頭に並ぶ炊飯器の数に正和さんはびっくりした。なかには、点字で表記してある炊飯器もある。最近は、ユニバーサルデザイン (UD) のお陰で、点字や音声ガイドのついた「電化製品」が多く出回ってきた。しかし、単に、点字や音声がついているからといって視覚障害者に使いやすいとは限らない。その操作にあたっては、タッチパネルのような形状になっているものが多い。実際に利用者が使いやすいかどうか、ガイドと共に触って確認しないと、買ってから後悔することもある。一例を挙げると、冷蔵庫の中の食品の収納や、洗濯機や乾燥機の衣類の出し入れなど、経験豊富な主婦のガイドのアドバイスが貴重だ。

また、パソコンの購入の際なども、視覚障害者の情報機器に関心があったり、パソコンなどの知識が豊富だったりするガイドに同行してもらうと助かる。購入目的に合わせて経験豊富なガイドを事業所に派遣してもらうとよい。

目的に合わせたガイドの依頼については、買い物に限らず、趣味のサークルや音楽鑑賞なども同様である。

支払いの際に

さて、気に入った商品を決めたら、レジに行き支払いを済ませることになる。81 才になる全盲の女性の銀子さんは、ガイドの弘美さんに、「これでお願いね」といって財布を渡した。

支払いが終わった弘美さんは、レジの近くで待っていた銀子さんに、「はい、

2974円でした。レシートは買い物の袋に入れますか？　財布に入れますか？」と尋ねた。

「ありがとう。レシートはいらないので捨てていいわ」と銀子さん。

ガイドの弘美さんは、本日の特売を銀子さんに知らせた。

「特売のチーズとパンも買っておいて！」という。ガイドの弘美さんも、ついでだからと思い、自分も特売のチーズとパンを買った。

銀子さんを自宅まで送り、玄関先で自分で購入した特売品の支払いをしようとしたガイドの弘美さんに、銀子さんは、「いいわよ。いつもお世話になっているんだから」と特売品の代金は受け取らなかった。

ガイドは、欲しいものがあっても自分の買い物をしてはいけない。また、釣銭はガイドが利用者にわかるように声を出して手渡すことが基本だ。

最近ではカードの普及により支払いが楽になった。カードで決済を済ませることにより、釣銭の心配がなくなったのは視覚障害者にとって有り難い。その代わり、カードやポイント・カードなど、その管理が新たな課題になった。ちなみに、カードの種類や残金、レシートなども音声で読み取れる。

利用者とガイドとの間で一番トラブルが起こりやすいのが金銭の授受に関するものだ。

お互いに気持ちよく同行援護を続けていく上で無益な金銭トラブルで不信感をつのらせないように気をつけたいものだ。

CHAPTER 6

第6章

旅行に行く

季節がよくなると、旅に出てみたくなる。といっても、なかなかひとりでは外出もできないのが現状だ。ガイドヘルパーと一緒に楽しいひとときを過ごしたいが、気になるのがトイレで、長時間の外出を控えている利用者もいる。宿泊を伴う同行援護になると、入浴を含めていろいろと思わぬ状況に直面する。

トイレの説明は丁寧に

多摩市に住む節子さん (72 才、全盲) は、元来旅好きで、まだ目が見えていた 60 代の頃は、友人と国内外を楽しく観光していた。最近は、年齢と共にトイレが気になり、4、5 時間以上かかる外出は控えていた。

視覚障害者の友達に、「同行援護でガイドと一緒ならトイレをそんなに心配しなくても大丈夫よ」と誘われ、日帰りのバスツアーに参加した。そこで、同行援護の事業所に同性のガイドを依頼した。

トイレが気になっていた節子さんは、のどが渇くとお茶を少しずつ口に含んでいた。やがてトイレ休憩になり、ガイドの千代子さんに手引きされてトイレにはいった。千代子さんは、便座の位置、トイレットペーパー、手洗いの場所などを節子さんに教え、「では表で待っているわ」と節子さんに伝え、外に出た。

さて、節子さんは用を済ませフラッシュを探した。便器や便座のまわりの壁を触っても、水を流すようなコックやレバー、ボタンが見当たらない。ほとほと困った節子さんが立ち上がると、なんとトイレの水がザァーという音と共に勢いよく流れた。節子さんは、ほっとしてトイレの個室を出たが、便座のまわりの壁などを恐る恐る触った感触と、人に聞けないあせりが今でもトラウマのように思い出されるという。

ガイドが利用者をトイレまで手引きし、同性の場合は、トイレの個室のなかまで案内し、便座、トイレットペーパー、フラッシュ、手洗いの位置など、必要なら利用者の手をとって説明することが必要だ。　利用者とガイドが異性の場合は、トイレの入り口で、利用者と同性の人に利用者が視覚障害であることを説明し、トイレの案内を依頼するのがよい。

乗り物のなかで

新宿区に住む梓さん (32 才、全盲) は、盲導犬ユーザーで日常はヘルスキーパーとして都心の職場で働いている。マラソンが好きで、休日は都心近くで開催されるマラソンレースに伴走者と一緒に参加するのが楽しみ。たまには日常の生活から離れて地方のマラソン大会に参加したいと願っていた。

去る５月、金沢まで深夜バスを利用してガイドの資格を持つ亜由子さんと大会に参加することにした。乗車前に食事を済ませ、盲導犬のトイレも済ませ準備は万全だ。長距離バスの後ろにはトイレもあると聞き安心していた。バスの座席にガイドと並んで座り、盲導犬は梓さんの足元に横になっていた。長距離バスは、通常のバスより座席の幅が広く盲導犬にとっては楽なように見えた。久しぶりの地方への旅で、梓さんはガイドの亜由子さんとしが盛り上がった。すでに夜２時すぎ、トイレに行くという梓さんはガイドの亜由子さんに盲導犬のハーネスを渡し、亜由子さんが「ひとりで行けるの？一緒に行こうか」と、梓さんに尋ねた。「大丈夫。この通路の突き当りの右側ね」とトイレの場所を確認して席を立った梓さん。トイレはバス後部にあり苦労することなく見つけることができた。梓さんは、用を済ませて、壁のボタンを押した。すると、ブザーが鳴り、バスはブレーキがかかった。乗務員が飛んできて、ドアの外から「お客様、どうなさいましたか？」と扉をたたきながら尋ねる声がする。あわてて梓さんは、「いえいえ、大丈夫です」といったが、まだフラッシュの位置がわからない。仕方なく、トイレの扉を開けて、「済みません、水が流れないんです」と乗務員に泣き声で尋ねた。

乗務員は、ドアを開け、「はい」といってフラッシュのボタンを押すと、スムーズに水が流れた。乗務員は、梓さんを座席まで案内し何事もなかったかのように離れた。視覚障害者の自信過剰は怪我のもと、無理はしないことだ。

長距離バス、新幹線、飛行機などトイレはついているが、狭い上に動いているので、十分気をつけなくてはならない。トイレは、便座の位置、トイレットペーパー、フラッシュ、手洗いの場所など個々に使い方が違うということを念頭に入れて使用前に確認をとることが必要だ。海外、とくに開発途上国ではトイレットペーパーがなかったり、船などは所定のゴミ箱に使用済みのペーパーなどを入れるようになっていたりする。

「旅は道連れ、世は情け」というが、「旅先での恥のかき捨て」は避けたい。

着替えには目印を !!

啓二さん (55 才、全盲) は、地元の視覚障害者団体の一泊旅行で熱海に出かけた。4 時すぎに旅館に着き、さっそく浴衣に着替えた。仲間と一緒に旅の汗を流そうと大浴場に行った。宴会前で大浴場は混み合っていた。着替えのカゴに無造作にいま着てきた浴衣と帯と下着をおいて入浴した。洗い場も一杯なので、浴槽のお湯を身体にかけて汗を流した。やがて、ガイドの次郎さんが、「洗い場が空きましたよ。行きますか ?」と啓二さんに声をかけた。ガ次郎さんが、啓二さんに洗面器と腰掛けを渡し、蛇口の前に案内した。お湯の温度を啓二さんに尋ね、「もし熱いようでしたら、このレバーを動かしてね」と啓二さんの手をとり温度調節のレバーを触ってもらった。また、啓二さんが頭を洗いたいというのでシャワーの使い方を説明した。

入浴を満喫できた啓二さんは次郎さんと共に浴場を出た。次郎さんが啓二さんに、「どこで着替えましたか？着替えはどこにありますか？」と尋ねた。着替えのカゴには、同じ旅館の浴衣が並んでいた。全盲の啓二さんは、自分の脱いだ浴衣がどこにあるかわからなかった。人のいないカゴを触ってみても、なかなかわからない。なんとか自分の着ていた下着を探し当てた啓二さん、はだかの背中には冷や汗が流れていた。

旅館で大浴場に行くときは、目印になるもの、例えば、腕時計とかハンカチなどを脱衣カゴに入れておくとよい。風呂場の着替えは同じ浴衣でくる宿泊客も多いので、利用者も自分でわかる目印となるものを携帯するのも一案だ。

LGBT の人のガイド

ガイドの芙季子さんは、秀治さん (48 才、全盲) とコンサートに出かけるために秀治さんの自宅に迎えに行った。玄関で秀治さんを見て、芙季子さんはちょっとびっくりした。秀治さんは、エメラルドのイヤリングを付けきれいなワンピースで出迎えてくれた。事業所から秀治さんがLGBT（レズビアン・ゲイ・バイセクシュアル・トランスジェンダーの略) であることは知らされていた。芙季子さんは 5 年以上ガイド経験はあるが、LGBT の人のガイドは初めて。秀治さんが開演前にトイレに行きたいというので、ガイドの芙季子さんは、「はい、わかりました」といったものの、女性か男性か、どちらのトイレに案内してよいのか迷った。外見は女性の姿なので、女性のトイレに案内しましょうかと秀治さんに尋ねると、「多目的トイレはありますか？」

という。たまたま多目的トイレが女子トイレのすぐ近くにあったので、秀治さんを案内し、ほっとした。

ガイドの芙季子さんは、外で待っていると秀治さんに伝えた。秀治さんを待っている間に芙季子さんは近くの女子トイレに行った。

秀治さんは着替えをしている間、やけに外の声が大きく聞こえるなと気になった。多目的トイレのドアに触れて見ると、なんとドアは開いていた。ドアの開閉はボタン式で、本当に静かに開閉ができる。秀治さんはドアが開いていたのに気がつかなかった。

ガイド終了後、芙季子さんに感想を聞いてみた。秀治さんは自分のことを「あたし」という。芙季子さんは、会った当初、服装やメイク、口調など多少違和感を覚えたが、すぐに慣れたという。

LGBT の人のガイドの場合、利用者本人のありたい性をどのように表現するか、本人の意向を尊重しなければならない。ガイドヘルパーの考えで、「自分にとって、あるいは社会通念において当たり前」ということを相手に押し付けることのないよう、気をつけたいものだ。

CHAPTER 7

第7章

白杖と盲導犬

同行援護の利用者は、全盲の人だけではない。むしろ最近は、弱視の高齢者が増えている。こうした弱視の方が同行援護を使うとき、白杖の携帯を嫌がるケースがしばしばある。しかも事業所によって、利用者に白杖の携帯を義務付けているところと、「できれば携帯してほしい」というところと見解が異なっている。また、盲導犬ユーザーがガイドを必要としたとき、どのようなガイドが求められるかについて、現在、事業所によって方針がまちまちのようだ。これは、盲導犬ユーザーが訓練を受けた協会によって違いが出てくるのではないかと推測するが、どの方法がよいかガイドヘルパーが迷うことがある。いずれにしても利用者・ガイド共に、安全を確保し、お互いに不愉快な思いをすることがないようにしたい。

白杖の携帯

足立区に住む65才の弱視の敏雄さんは、公園などを散歩するのが好きだ。網膜色素変性症で、56才頃から視力が低下してきたが、これまで区役所の職員として定年まで勤め上げた。退職後、自宅近くの公園やコンサートなどに出かけるのを楽しみに、同行援護を使うようになった。特に夜間は見えにくいので、ガイドを依頼するようになった。

しかし、敏雄さんは、白杖を使うのを嫌がった。

「白杖のかわりにガイドを依頼して外出するのだから、白杖を使わなくてもよいのではないか。安全の確保をするのがガイドの仕事」と敏雄さんは主張する。

一般的にまだ視力がある人は、白杖に対する抵抗感が強い。しかし、ガイドは、移動の際の安全確保ということは確かに仕事ではあるが、白杖のかわりの役割を果たすことはない。

白杖には、次の３つの役割がある。

① 情報収集

② 危険回避

③ 視覚障害であることの表示

① は､白杖は利用者の手の延長といってよいほど情報が得られる。例えば、足もとの段差、階段の上り下り、椅子や机、壁などの対象物の形状や材質など実際に手で触るわけではないが、白杖で対象物を探ってみれば、いろいろと情報が得られる。この点は、歩行訓練を受けた利用者であれば理解できると思う。

② は、障害物にぶつかっても、車のバンパーのような役割を果たし、衝突しても直接身体を傷つけないためにも、白杖は有益である。これは、弱視者には体験しなくても理解できるだろう。

弱視者にとって一番気になるのが、③ だろう。白杖は視覚障害者のシンボルである。だが、利用者自身、「視覚障害」になったことを認めたくないのだから、当然白杖を携帯したくない訳だ。

しかし、同行援護事業所としては、利用者、ガイドの安全確保という点で、利用者に白杖の携帯を要請している。とくに、混雑した街中を利用者とガイドが並んで歩くことは、人や物にぶつかる危険が増大する。

多くの事業所では、不慮の事故に対応するために利用者、ガイドに保険をかけているだろう。この保険の対象になる事故は、利用者が白杖を携帯しているときに事故に遭遇したときに適用される。

以前ガイドが、透析をしている利用者をガイドしていて、下り階段であと

2段のところで、利用者が足を滑らせて転倒してしまった例があった。利用者もガイドも転落し、利用者は大腿骨骨折になり、手術をした。人工関節を入れて、やっと歩行ができるようになった。しかし、利用者は、事故当時、白杖を携帯していなかったために、この事故は保険の対象にならなかった。治療費を含め、利用者もガイドも大きな痛手を被った。この観点から、多くの事業所が利用者には白杖の携帯を強く求めている。利用者自身、白杖を携帯することにより自分の安全を確保すると共に、ガイドヘルパーにも過度の心配や不安を与えないように配慮が必要だ。

盲導犬使用者のガイド

杉並区に住む53才の全盲の晴美さんは、秋田から東京に出てきてご主人と共に治療院を開業していた。しかし、昨年夏に、ご主人が病気で亡くなり、それから単身で暮らしていた。ひとりで治療院を経営するのが難しいと考え、治療院は閉じ、主婦業に専念することにした。

友人から「女性でひとり暮らしはなにかとぶっそうだから、盲導犬を使ってみたら？」と勧められた。もともと犬好きな晴美さん、この話に飛びついた。さっそく盲導犬協会に連絡し、盲導犬を使うことに決めた。盲導犬と共に約一か月間合宿訓練を受けたあと、愛犬キャロットを与えられた。キャロットと一緒の生活が半年ほどになるが、買い物など外出も苦にならなくなった。友人からも、晴美さんの表情が明るくなったと褒められる。

しかし、新しい場所に行くときは、盲導犬だけでは不安だ。同じ盲導犬ユーザーからの勧めもあり、いまは新しい場所などに行くときは同行援護を使って、ガイドの派遣を依頼する。

盲導犬ユーザーの場合、通常のガイドとは異なり、主に口頭で説明する。

つまり、ガイドヘルパーの肘や肩を利用者に触れさせて誘導するのではないので、口頭での細かい指示が必要になる。盲導犬ユーザーを横で手引きするのではないので、指示を出す内容とタイミングが重要になる。そこで、移動する前に晴美さんと目的地までの経路をしっかり確認しておく必要がある。具体的には、晴美さんと並ぶと、盲導犬もいるので３人分の道幅をとることになるため、移動に際しては、後ろか前を歩いて歩道の段差、交差点などの説明をする。盲導犬ユーザーの前を歩くと、ガイドはちょくちょく利用者の状況を見るために振り返らなくてはならない。晴美さんは、たまに道端に出ている木の枝や枯れ葉などに顔をぶつけることがある。とくに注意が必要なのは、エスカレーターや電車の乗降だ。ガイドは、盲導犬ユーザーの後ろに立ち、しっかりエスカレーターや電車の乗降を確認することが求められる。

また、会議やコンサートなどの前には、盲導犬もトイレ（通称ワンツーという）を済ませておく必要がある。目的地近くに適当な公園や芝生などのある場所を探す必要がある。トイレを済ませたあとの処理については、利用者はガイドにトイレを探してもらうとか、周囲の状況をよく説明してもらった上でガイドにも過度の負担がかからないようにするのが肝心だ。

いずれにしても、利用者、ガイド共に気持ちよく同行をしてもらいたい。

CHAPTER 8

第8章

選挙にて

国政選挙に限らず、地方自治体の市議、区議、市区長選など選挙は身近なところにある。私たちの意志を反映させるために、点字投票や代理人による投票などで積極的に関わっていきたいものだ。

選挙演説の傍聴

選挙が始まると街中はなんとなく騒がしくなる。新宿区に住む幸男さん(61才、全盲)は、友人の忠勝さんが区議会議員選挙に出馬するという話を聞いた。やがて告知日がきて選挙活動が始まった。たまたま忠勝さんが高田馬場駅前で立会演説をするという。

幸男さんは、「選挙演説を聞きたいので、高田馬場の駅前まで連れていってほしい」と事業所にガイドの派遣を依頼した。事業所は、「選挙活動の応援のためには、ガイドは派遣できません」とつれない返事。幸男さんは、事業所に、「選挙活動の応援ではなく、自宅から高田馬場の駅前までの往復にガイドの派遣を依頼しているのです」と説明した。当日、幸男さんは事業所から派遣されたガイドの義美さんに同行してもらった。

幸男さんを見つけた立候補をした忠勝さんは、素早く幸男さんに駆け寄り握手をした。幸男さんは、白杖を持ち、忠勝さんの近くに立っていた。ガイドの義美さんは、幸男さんの後ろで静かに立っていた。忠勝さんのまわりの人達は、ビラを通行人に渡したり、声かけをしたり、忙しく立ち働いていた。

忠勝さんの演説が一段落したので、幸男さんはビラ配りを手伝おうと思い、忠勝さんの支持者からビラを受け取った。幸男さんは、右手に白杖、左手にビラを持っていた。全盲の幸男さんは、通行人に声をかけることはできても、ビラを渡すことがなかなかできない。ガイドの義美さんは、立候補者の忠勝さんに反対している訳ではないが、同行援護のガイドとして来ている以上、幸男さんのビラ配りを手伝うわけにはいかない。義美さんは、幸男さんの傍で黙って見ていた。周りの人達が忙しく立ち働いているなかで、義美さんはなにか場違いのようだった。今後は選挙に関連してガイドの依頼がきても断ろうと義美さんは複雑な心境で自宅に帰った。

選挙活動に同行援護を使えないというのは十分理解されている。しかし、事前にガイドヘルパーは、利用者と同行援護の内容をはっきり決めておくことが必要だが、実際の場面では、どこまでが選挙活動なのかグレーゾーンがあり、判断はなかなか難しい。

選挙公報と投票

選挙が近づくと､ラジオ､テレビで「投票に行こう」といったCMが流れる。選挙前､名簿登録地（市区町村）の選挙管理委員会から「投票所入場券」や「選挙のお知らせ」（墨字版・点字版・音声版）が郵送されてくる。

網膜剥離で視覚障害になった靖夫さん（46才､強度弱視）は､以前から政治・経済に関心が強かった。選挙になると欠かさずに投票してきた。

靖夫さんの視力が大分落ちてしまったので、今回はガイドヘルパーを頼んで投票しようと、事業所にガイドの派遣を依頼した。

靖夫さんは、以前とは違い選挙公報が読めないので候補者名などまったくわからなかった。事業所から派遣された早苗さんに選挙公報を読んでもらおうと手渡すと、早苗さんは、「済みません、自宅では読めませんので、投票所でよいですか？」という。

候補者名などまったくわからないまま、靖夫さんは早苗さんにガイドされて、投票所に指定された近くの小学校に行った。

投票所の受付で本人確認した後、靖夫さんは「視覚障害なので代筆をお願いします」と係員に告げた。

係員は、「はい、了解しました」と靖夫さんを投票所の隅に連れて行った。

投票用紙を持参した係員は、「はい、代筆をしますのでお名前をどうぞ」と靖夫さんにいう。なにもわからない靖夫さんは、選挙公報を読んでほしいと係員に依頼した。

そこで選挙公報を持ってきた係員は、「はい、どこから読みましょうか？」と靖夫さんに尋ねた。「どこから、といったって、最初からに決まっているでしょ。といっても、ここで最初から読んでもらうのは、時間がかかりすぎる。忙しい投票所で係員を長時間拘束するのは、ほかの人にも迷惑がかかる」と靖夫さんは内心不満だったが、「では、立候補者名と所属政党名だけ読んでもらいたい」と、係員に依頼した。

なんとか投票を済ませた靖夫さん。投票所の出口で心配そうにして待っていた早苗さんに、靖夫さんを手引きした係員が、「選挙公報を読んであげて下さいね」といって別れた。

同行援護では、自宅で選挙公報などをガイドが読むことができないので、外出先で投票前に読んでもらうことが必要だ。投票所では、視覚障害者に不慣れな係員が多いので、どのような手助けが必要か具体的に係員に伝えることが大切だ。

期日前投票・不在者投票

選挙案内の中に「代理・点字投票」「不在者投票」について記載がある。

多摩市でマッサージの治療院を開業して 30 年近くになる恵子さん (59 才、全盲) は、投票日の日曜日は患者さんの予約がはいり忙しい。いつも投票する時間がないので、平日ガイドヘルパーと買い物を済ませ、自宅へ帰る途中で投票所に立ち寄り「期日前投票」を利用する。

投票所の受付で、恵子さんは、「視覚障害なので点字投票をお願いします。」と係員に告げた。

係員は、「点字ですね。わかりました」と恵子さんを記入する机に案内した。しばらくして係員が投票用紙と点筆がひもで結ばれた古い懐中定規を持ってきた。「これでよいですか ?」と係員が立ち去ろうとするので、「点字の資料がありますか ?」と言って係員に尋ねた。

「お待ち下さい」と点字の資料を持ってきたが、これがなんと最高裁判所裁判官国民審査の資料だった。勿論、こちらも憲法第 79 条に規定された最高裁判所の裁判官を国民が審査するものだが、選挙の候補者名と間違えないように注意が必要だ。

また、投票所に置いてある点字器は、古くて点字がうまく書けないものがあるので注意したい。私は日常使っている点字器を持参することがある。

あまり活用されていないようだが、「郵便等による不在者投票」がある。選挙管理委員会から「郵便等による不在者投票の投票用紙等の請求についてのご案内」があり、「投票用紙及び投票用封筒請求書」が届けられる。

自書できない障害者と患者に対しては「郵便等による不在者投票における代理記載制度」を利用するとよいだろう。

2003（平成 15）年、公職選挙法が改正され、2004（平成 16）年 3 月 1 日から「郵便等による不在者投票における代理記載制度」が施行された。

「郵便等による不在者投票における代理記載制度」の対象者は次の通りである。

（１）「郵便等による不在者投票」をすることができる選挙人であること。

ａ．　介護保険の被保険者証の要介護状態区分が「要介護５」の方

ｂ．　身体障害者手帳、あるいは戦傷病者手帳を持っている方

身体障害者手帳に上肢または視覚の障害の程度が１級である者として記載されている者、戦傷病者手帳に上肢または視覚の障害の程度が特別項症から第２項症までである者として記載されている者、あらかじめ市区町村の選挙管理委員会の委員長に届け出た者（選挙権を有する者に限る）に投票に関する記載をさせることができるという。

「郵便等投票証明書の交付申請」は選挙公示・告知以前に余裕を持って手続きすることが必要だが、自宅で安心して投票できることに喜びと代理記載制度の有り難さを感じている人もいる。

事前に市区町村の選挙管理委員会に問い合わせをし、是非制度を活用して棄権のないようにしたいものだ。

CHAPTER 9

第9章

読み書きサービス

平成 23 年に同行援護サービスが始まり、同行援護の業務内容に「移動時及びそれに伴う外出先において必要な視覚的情報を提供する」ということが明記された。それまで移動支援を活用していた視覚障害利用者は、出先で手渡される墨字資料をガイドに気兼ねをしながら読んでもらったり書類に必要事項を記入してもらったりしていた。視覚障害者が自ら納得できる決定をするためには、多くの情報が必要だ。利用者にとって情報の取得とその処理、具体的には「読み書きサービス」は同行援護の基本的な要件である。

最新の情報の提供を

足立区に住む桃子さん (71 才、全盲) は、日本点字図書館からの用具のお知らせを楽しみに聞いている。新しい用具が紹介されると、それを手にとってみたくなり、高田馬場に出かける。新しい用具に触れることに加えて、桃子さんにはもうひとつ楽しみがあった。それは、図書館からの帰りにガイドと喫茶店に寄って昔ながらのウインナーコーヒーを飲むことだった。何度か利用した喫茶店なので、ガイドのくり子さんは、桃子さんから場所の説明を聞きながら移動した。ところが、桃子さんがいう喫茶「アミティエ」がなかなか見つからない。ガイドのくり子さんは、見えるものや状況は、すべて言葉にして伝えているが、やはり目的の喫茶「アミティエ」が見当たらない。結局、喫茶「アミティエ」は閉店していた。桃子さんの記憶にあるメンタルマップは、かなり古くなっていたのだ。

同行に伴う情報提供というと、まずは安全面に関する情報、例えば段差や階段などはガイドは利用者にきちんと説明していると思われる。しかし、案外伝わっていないのが道路や交差点の名称だ。利用者がメンタルマップを作るとき、道路や交差点の名称は有益な情報になる。また、曲がり角にきたとき、角の店舗の名前や建物の特徴などの情報も重要だ。街中の店舗は短期間で変わることもしばしば。ガイドは新しく開店した店の名前を伝えると共に、その店の特徴を利用者に説明すれば喜ばれるだろう。また、自動販売機や駐車場の出入り口、ホームドアの有無、ガードレールなどの情報も、利用者が情報を得ることによって外出がより楽しく安心して歩けることになるものだ。

銀行で

　正夫さんは、長年視覚障害者協会の活動に携わってきた。平成から令和に元号が変わったのを機に会員の推薦により代表に就任した。団体の代表者が変更になったことで、銀行の口座の名義人も変更することになり、ガイドの良子さんと共に銀行に出かけた。銀行の窓口に行き、名義人の変更を申し出た。

　窓口の行員は、申請に必要な書類と所定の用紙に必要事項を記入して提出してもらうようにガイドの良子さんに話をしている。

　「ちょっと待って。申請人はガイドの良子さんではなく、私（正夫）なんだぞ」と内心不愉快な気持ちを抑えて、正夫さんは行員に、「この書類はなんですか？」と、再度尋ねた。

　行員からは、「はい、申請書です」と平らな声がかえってきた。

　正夫さんは行員に、「済みません、申請書であることはわかっています。申請人は、私、正夫なので、私に説明して下さいませんか？」と行員に頼んだ。傍でガイドの良子さんも聞いている。申請内容は、団体の名称、住所、代表者名、印鑑など、それほど難しいことではない。しかし、所定の枠内に書くことが難しいのだ。

正夫さんは、行員に、「自筆で書くのは自分の名前だけで、ほかのところはガイドの代筆で宜しいですか ?」と尋ねた。

「はい、それで結構です」と行員の返事だった。

正夫さんは、カバンから持参したサインガイドををゆっくりと取り出した。そのサインガイドを所定の署名欄にセットしてもらった。行員は、サインガイドは初めてだったとのことで、「いいものを持っておられますね」と、しきりに感心している様子だ。


団体の名称や所在地など長いものは全盲者にとっては確かに難しいが、できれば署名は自筆で書いてみたいものである。

パスポートやクレジットカード決済の際のサインなど、本人による自筆でなければならない場合は、サインガイドや定規などを使って支援する。

金融機関での代筆は、基本的に窓口の係員に依頼するのが良い。窓口の人が本人とやり取りを行えるよう、一歩下がったところで見守る。

「代理人」ではなく、「代筆」をする者であることを互いに認識する。金銭のやり取りは、基本的に頼まれない限りは関与しない。店員から釣銭を勝手に受け取ったりしないのが肝要だ。

病院で

世田谷区に住む里子さん (41 才、全盲) は、8 月終わりに身体がだるく背中から腰が痛むので、夏風邪でも引いたのかなと思い、診察を受けるためにガイドヘルパーの派遣を依頼した。急性腎盂腎炎 (じんうじんえん) ということだった。陰部は清潔に保つように医師から指導を受けた。里子さんは寒気を感じ全身がだるくなるなどの症状があった。

医師からは、「治療は抗生剤が中心です。主としては、経口抗生物質を出しますから、きちんと飲んで下さい。腎盂腎炎の予防にはお風呂やシャワーなどで陰部を常に清潔に保つことが大切です。水分を適切にとって、膀胱に尿を溜めこまないうちに排尿するのも、ポイントです」と指導された。

ガイドヘルパーとしては、なるべく静かな場所を選び、利用者が内容に集中できるように配慮することが必要だ。また、周囲に聞かれたくない内容もあると思われるので、その場で読み上げて良いか利用者に確認することも求められる。医学用語など難しい言葉もあるので、辞書や辞書アプリ等を利用し、読み方がわからない漢字があっても対処できるようにする。

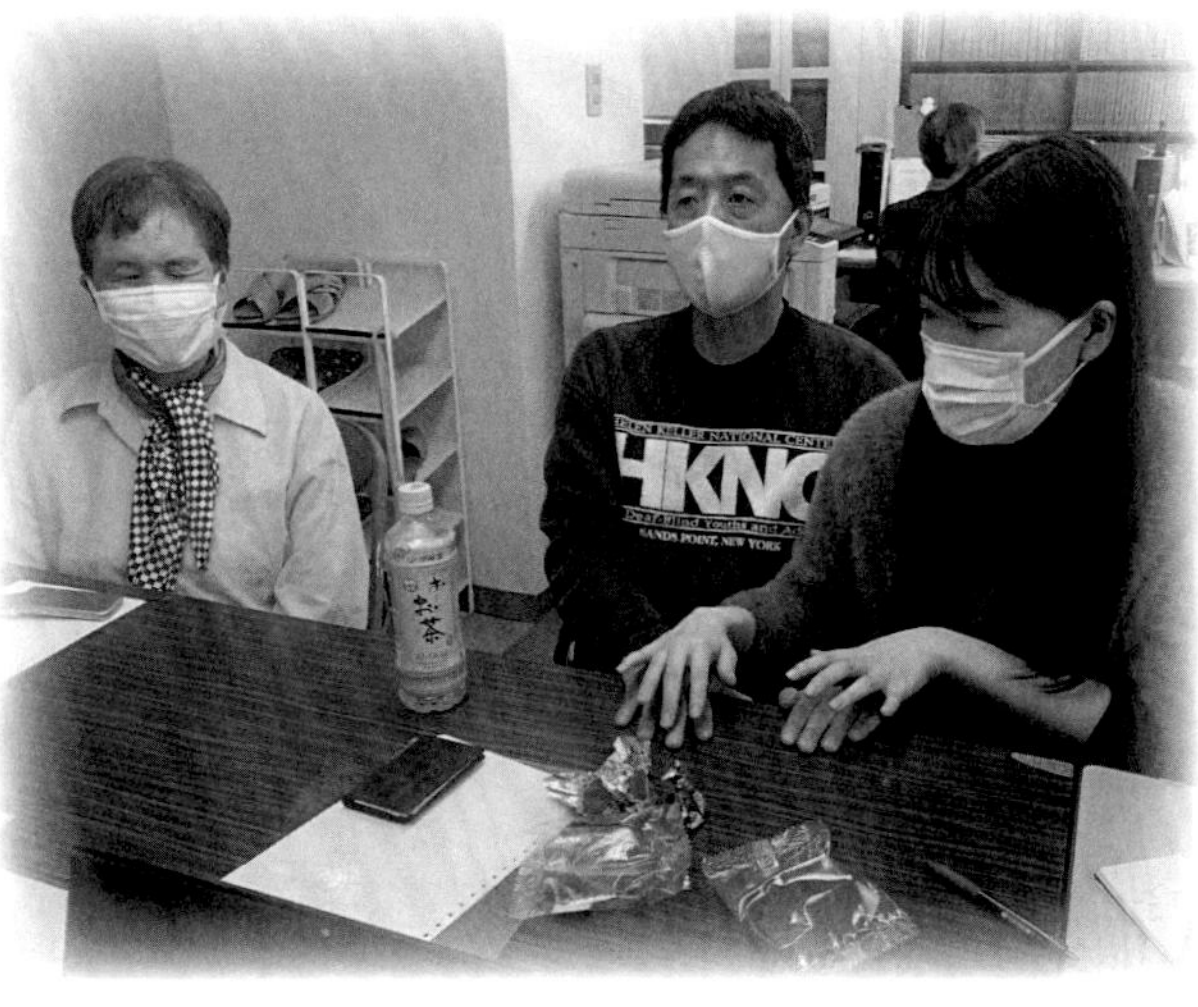

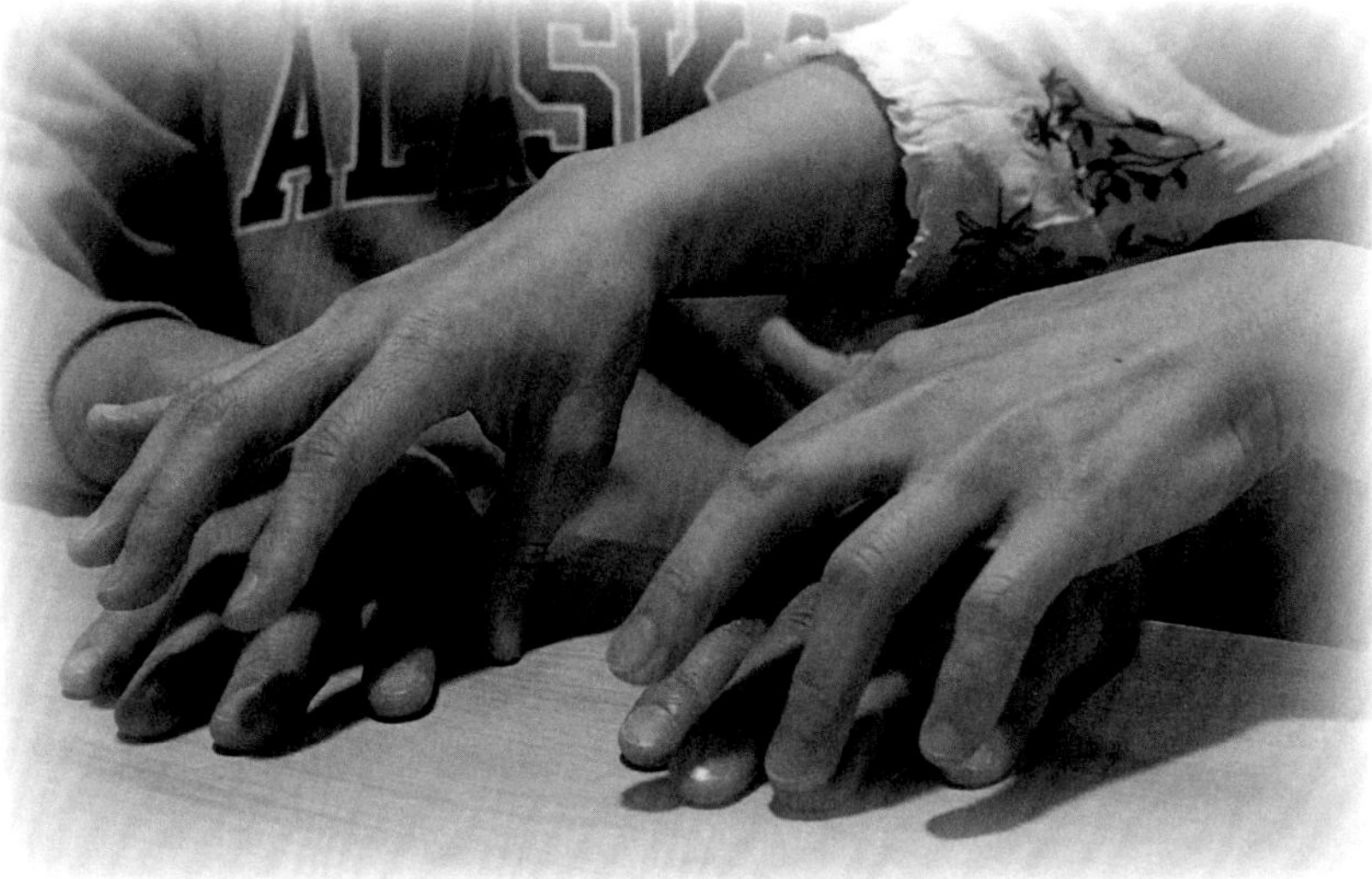

CHAPTER 10

第10章

守っていますか守秘義務

同行援護活動中に求められる守秘義務について考えてみたい。守秘義務については、ガイドも利用者も頭のなかでは理解しているようでも実際に多くの視覚障害者からこの守秘義務についての苦情を聞く。利用者が集う場では、利用者同士が個人的情報を話題にしているような場があり、ガイドとしてどのように行動したらよいのか迷うとも聞く。利用者・ガイド共に、お互いに不愉快な思いをすることがないように同行援護を進めてほしい。

行き交う歩道で

10月末、立川市に住む栄子さん (62才、全盲) は、ガイドの吉見さんに同行してもらい、駅近くの整形外科に行くところだった。栄子さんは、9月に家のなかでカーペットに足をひっかけて転倒、肋骨にひびがはいり指先も怪我をし、その治療中だった。たまたま、同じ視覚障害者協会の由美さんを連れたガイドの正巳さんが前から栄子さんを見つけ、近づいてきた。栄子さんは、以前正巳さんに何度か外出のガイド依頼をしていたので、正巳さんは栄子さんのことをよく知っていた。

「栄子さん、久しぶり！あっ、指先に包帯してる！どうしたの？」とガイドの正巳さん。

「あっ、これね。家のなかで転んじゃったの。でも、いまは大丈夫よ。これから病院に行くところなの」と栄子さん。

「まあ、気をつけてよ。年をとると足があがらないというから」と傍にいた由美さん。

栄子さんは、家のなかで転倒し、肋骨にひびがはいり療養をしていることは、視覚障害の仲間には内緒にしていた。顔見知りの正巳さんに声をかけられるのはうれしいが、世間話が好きな由美さんには内緒にしておきたかった。

一般的に地元の事業所に登録しているガイドヘルパーは少なく、事業所は限られたガイドヘルパーをやりくりしてガイドを派遣している。そのため、いろいろな利用者が同じガイドに依頼することになる。視覚障害者の世界は狭い。どうしても利用者のうわさが話題になることが多い。ガイドは、自然と利用者の情報が耳にはいってくる。ガイドをする際は、利用者のプライバシーを尊重する立場から、利用者から他人の消息を聞かれても、たとえ知っている情報であっても「知らない、わからない」と黙っていることが必要だろう。

買い物で

横浜市に住む里香さん (43 才、全盲) は、久しぶりに晴れ上がった山下公園を散歩したあと、いつものお気に入りのメロンパンを買いにガイドの和子さんを誘った。里香さんは､自宅近くのコンビニに寄り､ご主人のものを含め､コーヒーを買って夫婦二人でメロンパンを食べるのを楽しみにしている。

11 月に視覚障害者協会の忘年懇親会があり、里香さんは、隣に座った全盲の真由美さんに声をかけられた。

「里香さん、いつも駅近くのパン屋さんで、メロンパンを買っていると聞いたけど、メロンパンおいしい ?」と真由美さん。

今回、真由美さんをガイドしているのが、時折里香さんと散歩をする和子さんだった。

「そう、あのメロンパン、昔ながらの味でおいしいわよ」と里香さんの返事。
しかし、里香さんは、自分があまり知らない利用者がガイドヘルパーの口を通して自分達夫婦の日常生活を覗かれているようで、すごく不安になった。些細なことのようだが、こうしたことで個人情報がほかにも流れてしまう危険があるのではと心配になった。

ガイドヘルパーに新聞を読んでもらう

大田区に住む実さん (69 才、全盲) は、競馬が大好きだ。休みの日には事業所にガイドを依頼し、錦糸町の駅前でスポーツ新聞を買う。ガイドの良子さんと場外馬券場近くの喫茶店にはいり、新聞を読んでもらう。自分の買いたい馬券が決まると、場外馬券場に行き馬券を買う。自分の買ったレースが終わるまで場外馬券場でラジオを聞きながら競馬を楽しむ。馬券があたったときは、ガイドと共に、駅前の飲み屋さんで祝杯をあげるのが楽しみだった。

同じ区内に住む競馬好きの英雄さん (57 才、弱視) は、実さんからガイドに競馬の新聞を読んでもらっていることを聞いた。弱視の英雄さんも、競馬の新聞を読むのに苦労していた。英雄さんは実さんがガイドに読んでもらうときに、自分も同席してもよいか、実さんに尋ねた。

実さんは、「ああ、同席していいよ。ガイドさんに新聞を読んでもらって勝ち馬を検討しようよ」と英雄さんの依頼を快く引き受けた。次回からいつも通っている喫茶店で朝 9 時に待ち合わせをすることにした。

やがて、ガイドの良子さんは、実さんから求められたレースの予想の記事だけでなく、英雄さんの求めにも応じてレースの記事を読まざるを得なくなった。この競馬の新聞を読んでもらえるという話を聞き、英雄さんの友人の武夫さん (48 才、弱視) も喫茶店に集まってきた。

ガイドの良子さんは、初め実さんのために新聞を読んでいたのに、2人の視覚障害者の求めに応じざるを得なくなった。

疲れ果てた良子さんが事業所に相談してきた。

事業所としては、実さんのガイドとして同行援護の仕事をしているので、実さんが新聞を読んでほしいというのであれば、読むことが必要だが、英雄さん、武夫さんの求めには応じなくてもよいと回答した。しかし、実際は、英雄さん、武夫さんから求められれば断り切れないという。確かに現場にいるガイドとしては断り切れない、というのも理解できる。そこで、最初に依頼を受けたときに戻って、実さんとよく話をして、ほかの人のものまで読むことができない旨を説明し、どうしても必要ならそれぞれガイドの派遣を事業所に依頼するよう了解をもらうことにした。

利用者は、ガイドの立場を考えて、ガイドに過重な負担がかからないように気をつけたい。

ガイドヘルパーの個人情報

渋谷区に住む一郎さん(61才、全盲)は、事業所から紹介されたガイドのかおるさんをとても気にいっていた。一郎さんは、視覚障害になる前は、都内の割烹料理店で修業を積み、自分の腕には自信があった。50才を過ぎ、持病の糖尿病が悪化し、数年ほど前には視力をほとんど失ってしまった。だが、見えなくても自分で料理を作ることが楽しみで、ガイドと共に食材を買いにしばしば出かける。一郎さんは、食材についてのこだわりが強く、自分の買いたいものを見つけるまで、あちこちスーパーなど数店回ることも珍しくない。

ガイドのかおるガイドさんは、そうした一郎さんの希望にかなうように、いろいろと店を探し歩き回った。しかし、何度か一郎さんのガイドをするうちに、かおるさんは疲れて、もう一郎さんのガイドを断ろうと決心した。

だが、一郎さんは、かおるさんのように丁寧に食材を探してもらえるガイドを見つけられなかった。たまたま、一郎さんの携帯にかおるさんの着信履歴の残っているのを見つけ、かおるさんに電話をかけた。

「ごめんなさい。いま体調を崩していてガイドの仕事を休んでいるので」とかおるさんは返事をし、それから一郎さんからの着信を拒否した。

事業所には利用者からガイドの連絡先を教えてほしいという希望が時折ある。事業所としては、ガイドの個人情報保護の観点からガイド個人の住所や電話番号を教えることはしていない。同行援護は、利用者とガイドの信頼関係の上で成り立っている。

守秘義務を含め、個人情報の取り扱いには利用者もガイドも十分に配慮してもらいたい。

CHAPTER 11

第11章

緊急時の対応

同行援護で外出中に思わぬ事故にあったり、利用者の体調不良などで移動が困難になったり、当初の予定を遂行できない例も珍しくない。

電車が動かない

12月、青梅市に住む弘美さん(32才、全盲)は、リハビリテーションセンターで学んだ同期生の忘年会に出席するためにガイドの派遣を事業所に依頼した。事業所は比較的青梅に近い羽村市に住む雅子さんに同行を依頼した。当日、事業所の緊急電話がなった。電話は弘美さんだった。

「約束の時間なのですけど、まだガイドがこないのです・・・」と弘美さん。

連絡を受けた事業所の職員が急ぎ雅子さんに連絡をとった。

「予定していた青梅線が事故で電車が止まっているんです。仕方がないので、急いでバスに乗ったところです。遅れて済みません」と雅子さん。

弘美さんに会えたのは、予定していた時間より40分ほどあとだった。幸いにして、事故で止まっていた青梅線は復旧し、弘美さんは忘年会に遅れて出席することができた。

ガイドが利用者の自宅に迎えに行くとき、 交通渋滞や事故で予想以上に時間がかかることがある。ガイドが利用者に同行援護の依頼を受けた前日に、依頼された内容と待ち合わせ時間、おおまかな終了時間を確認することが必要だ。たまに利用者が依頼していた日時を忘れていたり、曜日を勘違いしていることもある。

また、ガイドは、当日の朝、予定通り移動ができるか、移動ルートを確認するとよい。交通事故などで予定時間に遅れるような場合は、必ず事業所に連絡を入れることも忘れてはならない。

災害時の避難

足立区に住む武子さん (53 才、全盲) は、夫の滋さん (58 才、強度弱視) と共に自宅で治療院を 15 年近く営んでいる。自宅は北千住駅から徒歩で 10 分ほどの荒川放水路の土手の近くだ。先の台風 19 号の襲来のとき、武子さん夫婦は、これまで経験したことのない強烈な風雨に見舞われた。台風襲来のニュースが飛び交っていたとき、杉並区に住む娘さんから「近くの荒川が氾濫するかも知れないから気をつけて」と連絡を受けた。

武子さんは、朝からラジオをつけっぱなしで台風情報を聞いていた。災害に備えて 3 年ほど前に購入した避難ザックをあわただしく取り出した。ザックのなかの飲料水、非常食などは買ったときのままにしてあったので、取り急ぎ手持ちのペットボトルとパン、カップ麺と取り替え、着替えと共に詰め込んだ。

昼すぎになり、ますます風雨が強くなり、避難勧告が出された。外で区役所の広報車が区民に早めの避難を呼びかけているようだが、風雨が強くてよく聞き取れない。

武子さんは、区役所に電話をした。区役所の話では、やはり荒川が氾濫する可能性があるので、高齢者や障害者の方々に早めに避難するように呼び掛けているという。

避難場所を聞いたところ、役所近くのコミュニティ・センターだという。このコミュニティ・センターは自宅からは 1.5km 程度ある。自宅の近くの学校はまだ避難場所に指定されていない。夫婦共に視覚障害なので、自分たちだけでは移動ができないと話したが、いまは役所も人手がないので迎えには行けないという。

武子さんは、だんだん風雨が強くなるなかで、さて、どうしたものか不安がつのるばかりだった。タクシーを拾って避難場所へ行くか、慣れない避難場所では窮屈なので娘のところへ避難するか迷っていると、電話が鳴った。娘さんからの電話と思っていたらガイドの敏子さんだった。

「武子さん、お宅のところ避難勧告が出ているわよ。避難場所まで案内しましょうか」敏子さんは、夫婦共にガイドを依頼している顔なじみで、武子さんの隣町に住んでいる。30分ほどして、敏子さんは車で迎えにきてくれた。無事に避難場所に着き、武子さん夫婦はほっとした。避難所での生活は、無論、夫婦共に窮屈で、一晩眠れない夜を過ごしたが、いずれにしても、避難場所まで行けたことが大変助かった。

これは勿論、同行援護のサービスではなく、敏子さんの好意でなされたものだ。日常、武子さん夫婦がガイドの敏子さんに親しく接していて、敏子さんが日常生活において武子さん夫婦がなにが必要なのかを理解しているからだ。

緊急時の避難は、「近隣の方々と仲良く」とよくいわれるが、実際に利用者の日常のことをよく理解しているのは、ガイドヘルパー、ホームヘルパーによることが多い。この面で、利用者は居住地に近い事業所に登録しスキルの高いヘルパーを派遣してもらうのがよく、利用者も平素よりガイドとの信頼関係を築くように心がけるべきだろう。

救急車を呼ぶ

世田谷区に住む敏夫さん(79才、全盲)は、クラシックを聞くことが大好きだ。西新宿・初台にあるクラシックコンサートホールの「東京オペラシティコンサートホール」に行くために、事業所にガイドを依頼した。

コンサートが終わり、敏夫さんはガイドの康子さんと階段を降りていた。

康子さんは、いつもより敏夫さんの足取りが重く、康子さんの腕にすがりつくように階段を降りているように感じた。あと 2、3 段というところで、敏夫さんが足を滑らせ転倒してしまった。康子さんも引きずられるようにして転んでしまった。幸いにしてガイドの康子さんは、手とひざのかすり傷で済んだが、敏夫さんは、地面に手をつき、倒れたまま動かない。これを見て、そばを通りかかった人が心配して救急車を呼んでくれた。救急車は、10 分足らずで到着したが、康子さんにとっては気が気ではなく長い時間だった。

敏夫さんは高齢でもあり、康子さんは平素から敏夫さんの健康には気をつけていたが、やはり本人の状態が普段とは違うと感じていた。

救急隊員が、一緒に病院まで同行してほしいという。康子さんが救急車のなかで事業所に連絡し、敏夫さんの家族に連絡をとってもらった。

救急隊員からガイドも同行を求められることも少なくないが、必ずしもガイドは病院に行かなくてもよい。利用者が家族と同居していればよいが、単身生活の場合もある。ガイドは、その場で自分で判断するのではなく、必ず事業所に連絡し、事業所の指示を仰ぐことが鉄則である。

最近は、利用者の高齢化が進み、健康状態も日々変動があったり、単身生活者も増えている。ガイドは、同行中常に利用者の状況を把握することが必要だ。

ガイドの体調不良

八王子に住む千勢さん (39 才、強度弱視) は、原宿で買い物をして、その後六本木のほうに歩いて行き、夜のクリスマスのライトアップした街中を歩いてみたいと、事業所にガイドの派遣を依頼した。

千勢さんの希望に沿うように、事業所はガイドの静香さんを派遣することにした。しかし、予定していた 2、3 日前から静香さんは、熱っぽく、身体がだるかった。静香さんはガイドを引き受けていたので、風邪など引かないように 3 日前から気をつけて外出も控えていた。しかし当日になり、静香さんはなんとなく寒気がしていた。

「千勢さん、ごめんなさい。2、3 日前から風邪気味で、昼間の買い物はガイドができるけれど、体調が思わしくないので、夜の街中のライトアップの見学は取りやめにしてほしいの」と静香さん。

千勢さんは、仕方ないので、夜の街中のライトアップの見学は別の日に変更した。

ガイドも体調を崩すこともあり、もしガイドは無理と判断したら、事業所にできるだけ早く連絡を入れることが必要だ。とくに、冬場はインフルエンザなどの感染の危険もあり、ガイドも利用者も無理な外出は控えたい。

CHAPTER 12

第12章

移動支援

実際に同行援護を利用してみると、ガイドヘルパーの不足、利用時間数の上限、乗り物は公共交通機関のみ、通勤・通学・グループ支援には使えないなど、いろいろと課題や制約があることがわかる。

わが子を背負って

東京都町田市に住むみどりさん（32 歳、全盲）は、都内の民間企業でヘルスキーパーとして働く英雄さんと４年前に結婚した。現在は、自身もヘルスキーパーとして働きながら、２歳になる芳美ちゃんの子育てに奮闘中だ。以前から、目が見えなくても自分らしい子育てをしたいと望んでいたものの、現実の子育てとなると、楽しんでばかりもいられない。

芳美ちゃんが生まれた当初は、ミルクを量るのも難しく、おむつ替えや着替えも手際よくできないことを、みどりさんは悩んでいた。だが、芳美ちゃんの笑い声に救われつつ、看護師や保健師から育児生活に必要なことを学んでいった。

やがて、みどりさんは、芳美ちゃんを乳母車に乗せて、一緒に買い物などにでかけたいと思い、事業所にヘルパーの派遣を依頼した。

事業所からは「ヘルパーは乳母車を押すことができないので、了解してくださいね。みどりさんが芳美ちゃんを抱くか、背中に負ぶってください」という返事があった。

同行援護は視覚障害当事者に対する支援なので、ヘルパーが赤ちゃんの世話をすることはできない。みどりさんは仕方なく、芳美ちゃんを背負って買い物を済ませた。ガイドの肘につかまりながら、もう片方の手に白杖と買い物袋を持ち、背中に芳美ちゃんを負ぶって帰宅した時にはヘトヘトだった。芳美ちゃんを背中から降ろして、胸に抱きかかえた途端、涙が溢れてきた。

芳美ちゃんを保育園に入れた時も、みどりさんは送迎や行事への参加などに苦労した。同行援護を利用しながら、やはり芳美ちゃんを背負って保育園に通う日々だった。

視覚障害者の夫婦にとって、買い物や子どもの送り迎えなど、日常生活でヘルパーの支援が必要な場は多い。まずは、相談支援専門員に現状を説明し、よく相談することが必要だ。たとえば、利用者の家の近くの事業所を探してもらい、相談員から全盲夫婦の状況を説明してもらうと共に、どのような支援が必要なのか、事業所にも理解してもらった上で、家事援助や同行援護のヘルパーを派遣してもらえるように支援計画を立てることが有効になる。

地域生活支援事業の中で、「子育て」について市町村独自のサービスを行っていることもある。相談支援専門員を通して、障害福祉課や関連の事業所、ボランティア団体などと連携をとれるようにアドバイスを受けるとよい。

中学１年生の通学経路

東京都日野市に住む由里子さん（42 歳、全盲）の息子の正和くん（12 歳、強度弱視）は、都立の盲学校小学部に通っていた。正和くんが中学部に進む時、由里子さんは、自身の母校である別の視覚特別支援学校に正和くんを転校させることにした。

正和くんは自宅から新しい学校までの経路を覚えなければならない。由里子さんは、正和くんの安全確保のために、学校に歩行訓練をしてもらえないかと相談したが、入学前の支援はできないとのことだった。そこで、由里子さんが事業所にヘルパーの派遣を依頼し、由里子さんがガイドと共に歩き、前を歩く正和くんの様子をガイドに説明してもらうことにした。

「正和、もっと右に寄って、白線を足で確認して。カレー屋さんの匂いがするでしょ。そのお店の先の角を右に曲がって」と、ガイドの説明を聞きながら、由里子さんが正和くんに指示する。

安全確保の面では充分とはいえないが、正和くんにはなんとか学校までの経路を頭に入れてもらった。4月に入り、盲学校の先生に改めて正和くんの通学経路についてチェックしてもらうことにしたが、由里子さんの不安は残った。

視覚障害者の転校や転職、会社内の配置転換などで、通学・通勤経路などを変更せざるをえないことがある。そして、こうした変更には、ほとんどの場合、時間的猶予がない。職場で異動することになった視覚障害者が、ガイドヘルパーと共に何往復かして、新しい通勤経路を覚えたという話も聞く。

本来ならば、歩行訓練士による再訓練が望ましいのだろうが、時間的、制度的制約があるために、利用者がガイドヘルパーと何度か歩くことで、経路を覚えているというのが現状のようだ。

サウンドテーブルテニスの玉拾い

最近はスポーツを楽しむ視覚障害者が多くなってきた。健常者と一緒に楽しめるものや、様々な支援を受けながら行うものもある。特に卓球やテニスなどの球技を楽しむ時には、玉拾いなどの補助が必要になる。

東京都調布市に住む亜希さん（33歳、全盲）は、サウンドテーブルテニス（STT）が好きで、週に1回、多摩市にある障害者スポーツセンターで仲間と一緒にプレーするのを楽しみにしている。

自宅から障害者スポーツセンターまでの往復には、いつも依頼している慣れたガイドがいるのだが、その日は都合がつかず、STT は初めて見るという美以子さんが派遣されることになった。

スポーツセンターに向かう途中で、亜希さんは美以子さんに STT の説明をした。

「卓球台のネットの下に隙間があって、音のなるピンポン玉を転がして打ち合う競技なの。卓球台のまわりには囲いがついているんだけど、球がその囲いを飛び越えていった時に、拾ってほしいの」

美以子さんは「ええ、わかりました」と返事をしたが、たまたま、その日は同行しているほかのガイドが少なく、２時間ほど立ちっ放しで玉拾いをすることになった。同行援護を終えて帰宅した美以子さんから、早速、事業所に連絡が入った。

「玉拾いなどの補助も、ヘルパーの業務なのでしょうか？」と、美以子さん。

事業所は「テーブルテニスの球拾いは、同行援護の業務ではありませんが、利用者のテーブルテニスの練習には欠かせないものなので、できたら手伝ってほしい」という。美以子さんは、慣れない姿勢を続けたことで痛みの残る腰をさすりながら、考え込んでしまった。

スポーツに限らず、視覚障害者の会合や会議などでは、会場の設営、お茶の準備、会議資料の配布や読み上げなど、健常者による各種の支援が必要な場合がある。しかし、会場の人手が足りないために、利用者のガイドが、本来の業務内容とは異なるにも関わらず、手伝っていることがある。こうした業務をヘルパーの好意に頼っていていいのだろうか。

これまでにも「読み書きサービス」という業務が同行援護の内容として制度的に位置づけられた経緯がある。同じように、会合やイベントなどの外出先における必要な支援も、同行援護の業務の中に位置づけるという議論も必要なのではないだろうか。

パソコン訓練

新宿区に住む幹夫さん（66歳、全盲）は、自宅から徒歩30分ほどの距離にある東京視覚障害者生活支援センターでパソコンの訓練を受けることになった。ただ、ひとりでは行けないので、週に2回、事業所にガイドの派遣を依頼した。

事業所は「送り迎えで1時間程度ですか。こうした短時間のガイドを見つけるのは、なかなか大変なんですよ。しかも、定期的になりますとね。ガイドが見つかったら連絡します」と気のない返事をする。

幹夫さんも、このままでは難しいと思い、「パソコンの訓練時間は約90分ですから、ガイドの待機している時間を同行援護に入れてもいいです。そうすれば、1回2時間半になりますから、ぜひガイドを見つけてください」と交渉した。

だが、事業所は「それはできないのです」という。パソコン訓練は、機能訓練として施設に訓練費が支払われるので、訓練と同行援護で請求すると、二重に請求したことになってしまうから、とのことだった。

たとえ利用者の近所に同行援護の資格を持ったガイドが居住していたとしても、30分程度の短時間のガイドを、しかも定期的に依頼するというのは、現実的には極めて困難だろう。

仕方なく、幹夫さんは自宅からセンターまでの歩行訓練を優先的に受けることにした。ただ、高齢ということもあり、白杖での単独歩行には自信が持てなかった。歩行訓練だけでも身体的、精神的に疲れてしまい、幹夫さんが本来希望していたパソコン訓練にはなかなかたどりつかなかった。

あとがき

山口 和彦

◇◇◇

私は人生の中途で視覚を失い、歩行訓練を受けてなんとか単独で歩いている。しかし、高齢になり、単独歩行は徐々に厳しくなってきた。

最近は、この同行援護制度のお陰でガイドヘルパーにより目的地まで安心して出かけられるのは本当にありがたい。

2011 年、制度が実施されるということで、すぐに同行援護の事業所の運営を任された。さっそく制度の説明やガイドヘルパーの養成、利用者やガイドの現場からいろいろなクレームを含め、さまざまな相談に立ち会った。主に利用者とガイドヘルパーとのコミュニケーション不足によって引き起こされるトラブルが多かった。なかでも、本書を編集している間に新型コロナが流行した。政府から緊急事態宣言が発出されコロナ感染防止のため、いわゆるsocial distance（社会的距離）を保つように声高にいわれた。外出制限の下で視覚障害者は、日常生活のさまざまな場面で大きな困難にぶつかった。しかし、利用者もガイドヘルパーもコロナの感染防止には細心の注意を払いながら、地域で安心して生活を維持するために最大限の努力を払ってきた。

今後は、「新たな生活様式」の構築といわれるが、「新たな地域社会のネットワーク作り」を考え、社会基盤を強化することが緊急に求められている。

すでに同行援護制度は 10 年を経過した。これまで視覚障害者をガイドする公的な制度は、世界でも類がない。この制度は 2015 年 9 月の国連サミットで採択されたSDGs(Sustainable Development Goals、持続可能な開発目標) のアジェンダにも合致する。日本が誇れる福祉制度であり、利用者、ガイドヘルパー、事業所の三者が一体になって、よりよい福祉制度に育っていくことを望みたい。利用者もガイドヘルパーもお互いにそれぞれ立場を尊重して行けば、楽しい同行援護の時間を過ごすことができると確信する。本書のなかで、さまざまな実例を取り上げたが、利用者、ガイドヘルパーと共通する問題で、本書を通してお互いの理解が深まることができれば幸いである。

最後に、この本の出版にあたり、物心両面にわたり多大の助成を頂いた大和福祉財団に心から感謝したい。また、日本視覚障害者団体連合会長の竹下義樹様、日本点字図書館会長の田中徹二様、編集・校正をして頂いた逆瀬川正人様、桜雲会の甲賀金夫様はじめ、各章の扉にイラストを描いて頂いた佐原輝夫様など多くの方々のご尽力を頂いた。この紙面を借りて心からの感謝を表したい。

【 著者紹介 】

山口 和彦（やまぐち　かずひこ）

1946（昭和 21）年 1 月、東京都生まれ。
1969 年、上智大学 外国語学部英語学科卒業後、25 才で失明。
新聞社、商社に勤務後、1963 年、東京都失明者更生館（現、東京視覚障害者生活支援センター）で視覚障害者に対して自立生活訓練指導・相談業務他に携わる。

2003 年、(社福) ぶどうの木、ロゴス点字図書館での副館長を経て、2004 年 (社福) 国際視覚障害者援護協会で海外留学生への就業教育に尽力。

2011 年、ＮＰＯ法人ＴＯＭＯで視覚障害者への同行援護制度施行に伴い、ガイドヘルパーの養成研修、ヘルパーの派遣、相談支援などの業務に携わる。
現在、同法人理事長。

《その他兼務職歴》

2000 年～ 2004 年 世界盲人連合　執行委員
2014 年から 2018 年 アキレス インターナショナル ジャパン代表 障害者スポーツの育成
2000 年よりダスキン・アジア太平洋障害者リーダー育成事業実行委員
2020 年より武蔵野市視覚障害者福祉協会 現在会長
2020 年 12 月 令和 2 年度障害者自立更生等厚生労働大臣表彰
2021 年（社福）日本盲人福祉委員会 監事

移動の自由を支援

あなたも挑戦!! ガイドヘルパー「同行援護制度の従事者」

著者：山口 和彦

2024年3月1日初版発行

発行所：社会福祉法人 桜雲会
発行責任者：一幡良利
〒169-0075　東京都新宿区高田馬場 4-11-14-102
電話：03-5337-7866　　HP：http://ounkai.jp

印刷・製本：有限会社 大本印刷

Printed in Japan.　定価：1,500円（非課税）
ISBN978-4-911208-02-1+C0400+_1500E

本書の点訳版・音訳版については、社会福祉法人 桜雲会 出版部にて制作します。